MAURICE GRAMMONT.

LA DISSIMILATION

CONSONANTIQUE

DANS LES LANGUES INDO-EUROPÉENNES

ET

DANS LES LANGUES ROMANES

DIJON

IMPRIMERIE DARANTIERE

65, RUE CHABOT-CHARNY, 65

—

1895

LA DISSIMILATION

CONSONANTIQUE

DANS LES LANGUES INDO-EUROPÉENNES

ET

DANS LES LANGUES ROMANES

1

MAURICE GRAMMONT

LA DISSIMILATION

CONSONANTIQUE

DANS LES LANGUES INDO-EUROPÉENNES

ET

DANS LES LANGUES ROMANES

DIJON

IMPRIMERIE DARANTIERE

65, RUE CHABOT-CHARNY, 65

—

1895

A MES MAITRES

Messieurs

MICHEL BRÉAL
FERDINAND DE SAUSSURE
HENRI D'ARBOIS DE JUBAINVILLE
JOHANNES SCHMIDT
RUDOLF THURNEYSEN

INTRODUCTION

Il est d'usage dans certains pays que ceux qui présentent une thèse la fassent précéder ou suivre du récit de leur vie. Ces autobiographies ont presque toutes un trait commun : il n'en ressort aucun fait saillant. Quelquefois pourtant on y lit avec intérêt comment la vocation de tel savant s'est déclarée et comment depuis cette époque il a fait ses études.

Les cinq noms qu'en témoignage de profonde reconnaissance j'ai inscrit en tête de cet ouvrage représentent, par ordre chronologique, les grandes lignes de mon éducation scientifique. Si j'en avais ajouté cinq autres, j'aurais fait par le détail toute l'histoire de mon initiation à la science des langues.

A une époque où les questions d'enseignement et de pédagogie sont à la mode, certaines personnes seront peut-être curieuses de savoir pourquoi l'auteur de cet ouvrage, au lieu de rester dans la même ville et de suivre les mêmes professeurs, comme ceux que l'on enferme dans une école ou que l'on rive à une faculté, a quitté sans cesse, sans y être obligé, un maître pour un autre. C'est qu'il fait une différence entre celui qui se destine à enseigner ce qu'on lui aura appris à lui-même, sous une autre forme sans doute, mais sans jamais rien changer au fond, et celui qui veut enseigner du nouveau et en trouver lui-même. Ce dernier doit posséder une méthode de travail, sans quoi il risque de perdre son temps à des recherches vaines et de n'obtenir aucun résultat : c'est généralement le défaut des autodidactes. Le moyen le plus simple d'avoir une bonne méthode serait évidemment de s'approprier celle d'un maître. J'appelle maître en effet précisément celui qui a une bonne méthode personnelle, et élève, que je distingue soigneusement d'auditeur quelconque, celui qui est capable de saisir cette méthode dans son commerce avec le maître et de s'en servir au besoin. Mais comme chacun a sa personnalité, il est impossible de prendre intégralement la méthode d'un autre : on risque d'en accentuer les défauts et d'en atténuer les qualités. Pour se faire une méthode personnelle, le meilleur paraît être dès lors de combiner par une sorte d'éclectisme celles de différents maîtres.

Voilà les raisons qui m'ont déterminé à me diriger vers un nouveau maître aussitôt que je croyais avoir saisi la méthode du précédent.

Entre temps j'avais entendu quelquefois MM. Victor Henry, Louis Havet, Gaston Paris et Hermann Paul, que des occupations trop nombreuses m'ont empêché à mon grand regret de suivre assidûment. Qu'il me soit permis de leur témoigner ici ma gratitude, car souvent une seule conférence ou une seule conversation peut être un trait de lumière pour celui qui écoute un maître ou s'entretient avec lui. Enfin j'ai suivi l'enseignement de M. Antoine Meillet pendant qu'il suppléait M. de Saussure à l'École des hautes études. Ce n'a pas été pour moi l'année la moins profitable. Depuis cette époque M. Meillet s'est intéressé à mes travaux avec une sollicitude toute fraternelle, dirigeant mes efforts, rognant les ailes à mes hypothèses, et m'évitant autant qu'il est possible les dangers de l'isolement scientifique. Mais étant de mon âge et de mes plus intimes amis, il ne m'a jamais permis de le considérer comme un de mes maîtres et ne veut pas que je voie en lui autre chose qu'un camarade.

C'est après ces études que j'ai abordé ce sujet, l'un des plus délicats de la linguistique. Pour un début c'était évidemment une entreprise très hasardeuse. Si le travail est mauvais, cela prouvera simplement que l'élève ne valait pas grand chose : il n'en saurait résulter, relativement à ce qui précède, aucune conclusion défavorable.

Le sujet n'est pas nouveau : tout le monde a parlé de la dissimilation ; chacun en a rencontré des exemples et cité des cas, mais personne n'a jamais établi ce que c'est que la dissimilation, dans quelles conditions elle se produit et quelles en sont les lois. Il semble qu'il y ait là une contradiction : si le phénomène de la dissimilation n'est pas connu, comment peut-on en citer des exemples ? C'est que sans savoir exactement ce qu'est la dissimilation, on en a un vague sentiment : on sait par exemple que c'est le contraire de l'*assimilation*. Quand on rencontre dans un mot deux phonèmes qui présentent quelque caractère commun et que l'un d'eux vient à subir une modification, on dit qu'il y a assimilation lorsque le phonème modifié paraît être devenu semblable à l'autre, et quand il est devenu (ou resté) différent on déclare qu'il y a eu dissimilation. On possède ainsi, avec ces deux mots *assimilation* et *dissimilation*, un moyen infaillible d'écarter quantité de faits dont ne rend compte aucune loi connue. Mais un mot n'est qu'une étiquette, ce n'est pas une explication. Il est d'ailleurs bien évident que si l'on se détermine pour placer ces étiquettes par des caractères aussi vagues que ceux que nous venons d'indiquer, on doit les mettre souvent où elles ne devraient pas être. Aussi n'est-il pas rare de trouver parmi les mots que l'on déclare dissimilés des exemples qui se contredisent entre eux. Il est vrai que ces contradictions ne paraissent avoir effrayé personne jusqu'à présent. C'est même pour caractériser les cas de dissimilation qu'on a employé en phonétique le nom « d'accidents ». Le mot est joli, mais il est bien peu scientifique ; un accident au milieu d'une loi c'est une infraction et seules les lois établies par les hommes peuvent en admettre.

Si les cas de dissimilation étaient extrêmement rares et absolument isolés, on pourrait peut-être les considérer comme une quantité négligeable ; malheureusement ils forment dans plusieurs langues un groupe assez considérable ; on pourrait donc être tenté de les réunir pour nier la rigueur des lois et même leur existence, s'il est vrai qu'eux du moins n'en reconnaissent aucune. Si l'on démontre en effet qu'il y a dans la phonétique toute une catégorie de faits n'ayant d'autre mesure que le caprice et le hasard, on sera bien près d'avoir démontré que toutes les lois phonétiques qui font l'orgueil de la linguistique moderne ne sont qu'une illusion et témoignent plus de l'habileté de leurs auteurs que de la rigueur de leur méthode, de leur science et de leur perspicacité. Mais si la dissimilation elle aussi obéit à des lois, tout se tient dans l'édifice, l'ensemble est complet et il ne reste plus qu'à parfaire les détails.

C'est pourquoi nous avons pensé qu'il valait la peine d'étudier séparément le phénomène de la dissimilation, quel que dût être le résultat de ces recherches.

Notre intention était primitivement d'étudier la dissimilation seulement dans les anciennes langues indo-européennes. Nous commençâmes par le grec, étant donné que la phonétique de cette langue est particulièrement transparente. Mais nous reconnûmes bien vite que le grec ne possédait guère de dissimilations qu'à la basse époque et que les faits ne s'éclairaient pas mutuellement. Nous passâmes au vieux slave qui ne nous apprit rien, si ce n'est que la dissimilation lui est presque totalement étrangère. Le vieux latin et le latin classique n'offrent que peu de faits et tous entachés de l'obscurité qui règne généralement dans cette langue. Mais le latin de la basse époque et surtout le latin vulgaire nous apportèrent des cas de dissimilation absolument certains et dont plusieurs s'accordaient entre eux. Ils s'accordaient aussi avec quelques-uns des faits que nous avions rencontrés dans les autres langues indo-européennes. Nous en tirâmes cette hypothèse que les conditions dont dépend la dissimilation étaient peut-être les mêmes dans plusieurs langues.

Mais dans quelques exemples du latin vulgaire la dissimilation paraissait dépendre de l'accent d'intensité. Or l'accent d'intensité de plusieurs langues anciennes nous est inconnu ou mal connu. Et pourquoi les langues romanes, qui sont sorties du latin vulgaire, ne dissimileraient-elles pas de la même manière que leur langue mère? S'il en était ainsi notre étude pourrait être facilitée. Non pas que le phénomène de la dissimilation fût expliqué dans ces langues, mais au moins dans ce domaine nous ne rencontrerions pas de difficultés telles que celles qui provenaient dans les anciennes langues indo- européennes de notre ignorance fréquente de la chronologie, de la place de l'accent d'intensité, ou de nos doutes sur certaines étymologies.

Nous nous mîmes donc à l'étude des langues romanes avec l'intention de nous en servir, si notre hypothèse se vérifiait, comme d'un moyen pour mieux comprendre les langues indo-européennes.

Avons-nous été dupe d'une illusion et n'avons-nous fait que transporter pendant plusieurs années notre erreur à travers nombre de langues indo-européennes et romanes, c'est au lecteur à en juger quand il aura parcouru les résultats de nos recherches que nous allons lui soumettre immédiatement.

PREMIÈRE PARTIE

LES
LOIS DE LA DISSIMILATION

Nous conservons dans l'exposition des faits l'ordre dans lequel nous avons été amené à faire nos recherches, c'est-à-dire que nous commençons par les langues romanes ; mais nous avons tenu à garder dans le titre de l'ouvrage un ordre qui rappelle notre but primitif. Nous avons classé les faits d'après les positions relatives des différents phonèmes qui entrent en jeu, et nous avons formulé une *loi* pour chacune des positions différentes.

Pour bien comprendre ces lois il est nécessaire de se placer à notre point de vue, c'est-à-dire de considérer *la Dissimilation*, indépendamment de telle ou telle langue, en dehors et en quelque sorte au-dessus des langues. Ce sont les lois de la dissimilation dans les langues indo-européennes en ce sens que dans ces langues la dissimilation ne se fait que conformément à ces lois. Leur formule est la suivante : Quand deux phonèmes remplissant les conditions voulues sont placés respectivement de telle manière, c'est tel phonème qui est dissimilé.

Pour telle ou telle langue en particulier, ce qui n'est pas notre point de vue, ces lois sont des *possibilités ;* elles sont la formule suivant laquelle la dissimilation se fera, si elle se fait.

Les mots que nous citons comme dissimilés sont uniquement des *exemples* de telle ou telle loi. Aussi n'avons-nous jamais cherché à épuiser le trésor des mots dissimilés dans telle ou telle langue, mais bien plutôt à citer des exemples semblables dans des langues différentes. Notre mémoire n'a donc pas la prétention d'exclure les monographies sur la dissimilation dans telle langue ou tel dialecte ; au contraire nous espérons qu'il les suscitera et

nous avons cherché à tracer la voie à ceux qui viendront aprè
nous.

Il y aura lieu de déterminer pour chaque langue quelles son
les lois de la dissimilation qui y sont représentées ; quelles sont le.
couples de phonèmes qui représentent telle loi ; quels sont les différents produits de chaque couple de phonèmes. On devra distingue
une loi phonétique pour chaque produit différent d'une mêm·
couple dans la même loi, et chercher à déterminer, toutes les foi:
que ce sera possible, à quelle époque cette loi phonétique est entrée
en vigueur et à quelle époque elle a cessé d'agir.

Avant de présenter les lois de la dissimilation nous croyons utile
d'indiquer quelques principes qui n'ont été pour nous que des
conclusions, mais qui pourront éclairer l'exposition du sujet :

1° *Pour qu'un phonème puisse en dissimiler un autre, il faut
qu'ils possèdent tous deux un ou plusieurs éléments communs.*

2° *Il y a dissimilation lorsque l'un des deux phonèmes fait
perdre à l'autre un ou plusieurs des éléments qu'ils possèdent
en commun.*

3° *La dissimilation ne crée pas de phonèmes nouveaux,* c'est-
à-dire inconnus à la langue dans laquelle elle se produit : si l'ensemble des éléments qui restent du phonème attaqué, après la
dissimilation, ne constitue pas un phonème existant, il est remplacé par le phonème le plus voisin que possède la langue ; si les
éléments qui subsistent ne sont pas suffisants pour constituer un
phonème, ils sont éliminés avec ou sans compensation.

4° *La dissimilation est donc généralement partielle : elle ne
peut être totale que si le phonème dissimilé appartient à un
groupe combiné ou est implosif.*

5° *Il ne se produit pas de dissimilation quand l'étymologie
des différentes parties du mot est évidente pour le sujet parlant.*

Définissons encore quelques termes qui reviendront fréquemment. Nous appelons :

Groupe combiné tout groupe de consonnes qui précède ou qui suit dans une même syllabe les éléments vocaliques. Quand un groupe de consonnes n'est pas combiné, il est disjoint par la coupe des syllabes.

Consonne combinée toute consonne qui fait partie d'un groupe combiné.

Consonne implosive toute consonne, occlusive ou non, qui termine une syllabe et précède la coupe. Un groupe combiné peut être implosif.

Consonne explosive toute consonne, occlusive ou non (¹) qui commence une syllabe ; un groupe combiné peut être explosif.

Consonne appuyée toute consonne explosive qui suit immédiatement une consonne implosive. Un groupe combiné peut être appuyé, et alors chacun de ses éléments participe aux effets de l'appui.

Régressif un phénomène qui a son point de départ vers la fin du mot et son point d'arrivée vers le commencement.

Un phénomène *progressif* suit la marche inverse.

---

(1) Il n'y a pas d'inconvénient à appliquer les termes *implosif* et *explosif* même aux consonnes continues. Les phénomènes sont en somme les mêmes que pour les momentanées : aux occlusions de ces dernières correspond un resserrement buccal lorsqu'il s'agit des premières.

I

LOIS DÉPENDANT DE L'ACCENT D'INTENSITÉ

(CES LOIS SONT INDIFFÉREMMENT RÉGRESSIVES OU PROGRESSIVES)

LOI I

IMPLOSIVE TONIQUE DISSIMILE IMPLOSIVE ATONE

1º LANGUES ROMANES

Latin vulgaire — *alberga, albergo* « auberge » de **arberg-*, cf. vha. *heribérga* (ital. *albergo*, prov. *alberes, alberga*, fr. *auberge* = *'alberge*, v. esp. *albergo*, esp. *albergue*, port. *albergue*).

Italien — Frioul. *mármul, árbul* (Ascoli, Arch. glott. it., I, 516).

Milan. *erbol* « arbre ».

Pist. *cortello* « coltello » (d'Ovidio, Groeber's Gr., I, 535).

Campob., abruzz., v. vén. *curtello* (Meyer-Lübke, ital. gr., p. 163).

Milan. *kortello* (Meyer-Lübke, Gr. rom., trad. fr., I, 512).

Milan. *porcinella* « pulcinella » (Salvioni, Fonetica del dialetto di Milano, p. 173).

Rhétorom. *purscel* « puceau », *purscella* « pucelle ».

Sopraselva *buldonza, abuldonza* = *abondanza* (Ascoli, Arch. glottol. it., I, 66).

V. ital. *vernullo* de *velnullo*. L'ital. moderne *veruno* = *'uel-unu* paraît avoir pris à *vernullo* son *r* avec sa signification négative.

Espagnol — *mármol* « marbre », *árbol* « arbre », *carcel* « prison », *estiercol* « fumier ».

V. esp. *puncella, poncella* « pucelle ».

Vieux catalan — *punceyla* « pucelle ».

Provençal — *Alvernhe* = *Arvernicu* (cité par Diez, Gramm., tr. fr., I, p. 206)..

Pr. *albir* « avis », *albir* « je juge », *albirar* « juger ».

Portugais — *arvol* « arbre ».

Français — *Auvergne* = **Alvergne* (cité par Diez, Gramm., tr. fr., I, p. 206).

V. fr. *worpil'* = **uulpiculu* (cité par Diez, ibid., p. 189).

V. fr. *sujurne* de v. fr. *surjurne* « séjourne » (Suchier, *le Français et le Provençal*, tr. Monet, p. 56). Cet exemple est très contestable.

Fr. *héberger* de v. fr. *herbergier*, cf. vha. *heribërga*. Les formes telles que *héberge* qui ont l'accent sur la syllabe *ber* tombent seules sous le coup de la présente loi. C'est d'après elles que l'absence d'*r* a été généralisée dans toute la conjugaison. D'ailleurs les formes telles que *herbergier*, accentuées sur la finale pouvaient perdre leur premier *r* par l'effet de la loi XX.

Fr. popul. *carcul* « calcul ». De *carcul* l'*r* a passé dans *carculer*.

Fr. popul. *arcool* « alcool ».

Fr. (?) *Saardam*, en holl. *Zaandam*. Le holl. ne connaît pas la forme **Zaardam*; la dissimilation est due aux étrangers, particulièrement aux Français, qui suppriment dans ce mot l'accent d'intensité de la première syllabe pour ne garder que celui de la dernière et le renforcer.

2° LANGUES INDO-EUROPÉENNES

Baltico-slave — Lemken (Galicie), *marmun* de **marmur* « marbre » (Werchratskij, Arch. f. sl. phil., XV, p. 55).

Germanique — Vha. *murmel* de *murmer*, emprunté au lat. *murmur*.

Vha. *turtultûba* et *turtiltûba* du lat. *turtur* (Bechtel, Ass. und. diss.. p. 40).

Vh. *murmul*, *marmil* du lat. *marmor* (Angermann, Diss. im griech., p. 5 .

Mha. *mortel* de *morter* = lat. *mortarium* (Bechtel, Ass. und diss.. p. 44).

Mha. *kœrpel* de *kœrper* = lat. *corpor-* (Bechtel, ibid., p. 43).

Mha. *dœrpel* de *dœrper* = isl. *þorpari* « un habitant du village » (Bechtel, ibid.. p. 43).

Mha. *martel* de *marter* de vha. *martira*, *martara* = lat. *martyrium* (Bechtel, ibid., p. 43.

All. *balbier* « barbier ». Le mot a été emprunté par le n. h. all. au français, mais la dissimilation est allemande.

Angl. *marble*, emprunté au fr. *marbre*, paraît contredire la loi XII si l'on ne considère que la forme écrite ; mais si l'on songe que ce mot se prononce « marbel » on ne peut plus avoir de doute : il tombe sous le coup de la loi I et lui obéit.

Arménien — M. Meillet me communique les exemples suivants :

ełbayr = lat. *frater*: -*ayr* représente phonétiquement -*âtēr*, cf. *hayr*, *mayr*; *ełb*- représente *bhr*-. La métathèse est phonétique : cf. *khirtn* « sueur ». — *artasoukh* « larmes », all. *thräne*, gr. δάϰϱυ.

ałbiur « source », cf. φϱέαϱ.

Cette dissimilation ne se produit en arm. que devant *b*, cf. *orkor* « gosier », *erkir* « terre », *ardar* « juste », etc. Mais c'est bien un phénomène de dissimilation, car il n'y a pas de loi phonétique d'après laquelle *rb* devienne *lb*, cf. *sourb* « saint », *orb* « orphelin », *arbi* « je bus (sorbeo), *arbaneak* « serviteur ».

Dans d'autres conditions nous trouvons en arménien un *r* dissimilé devant une consonne autre que *b* et il disparaît totalement par la dissimilation ; c'est

1. Dans un mot emprunté : *matowrn* de μαρτύριον

2. Dans un mot à redoublement : *kokord* $=$ **korkord* (?) « gosier »

Commentaire I

$$1°\ r\text{-}r > \begin{cases} l\text{-}r \text{ ou } r\text{-}l \\ n\text{-}r \text{ ou } r\text{-}n \\ 0\text{-}r \text{ ou } r\text{-}0 \end{cases}$$

Tels sont les traitements possibles de *r-r*. Nous ne donnons comme traitements possibles que ceux pour lesquels nous avons des exemples. C'est une remarque générale que nous faisons une fois pour toutes. Dans le cas présent nos exemples épuisent la série des traitements réellement possibles ; mais il est nombre de cas où nous n'avons pas d'exemples représentant des traitements théoriquement possibles. Ainsi nous signalons plus bas *n-n* devenant *l-n* ou *n-l* ; il pourrait aussi bien devenir *r-n* ou *n-r*, et de même *n-m* qui devient *r-m* pourrait aussi bien devenir *l-m* ou bien *n-b* ou *n-v*. Nous n'avons pas rencontré d'exemples de ces traitements, ce qui ne veut pas dire qu'ils ne puissent pas exister et même qu'ils n'existent pas : nos dépouillements ont été fréquemment imparfaits.

r-r $>$ *l-r* ou *r-l*. L'*r* tonique fait perdre à l'*r* atone la position spéciale de la langue nécessaire pour prononcer un *r*, à savoir l'extrémité vibrant contre un point de la ligne médiane du palais tandis que le corps de la langue occlude tout le reste de l'orifice buccal. Il reste une liquide qui n'a pas cette qualité, l'*l*, que l'on prononce en faisant passer l'air sur les côtés de la langue par une ouverture unilatérale ou bilatérale.

r-r $>$ *n-r* ou *r-n*. Dans le traitement précédent il n'y a en somme perte d'aucun élément ; l'ouverture par où l'air s'échappe est déplacée, voilà tout. C'est de ce déplacement que naît la différence de ces deux sons. Mais la liquide dentale peut sortir par une troisième place, par les fosses nasales. Dans ce cas elle prend une qualité de plus, la nasalité. Le remplacement de *l* ou de *r* dissimilé par *n* est assez fréquent, quoique plus rare que celui de *l* par *r* ou de *r* par *l*.

r-r > *0-r* ou *r-0*. Nous verrons au *Commentaire II* que la chute totale par dissimilation d'une liquide combinée est un phénomène tout naturel. La chute totale par dissimilation d'une liquide implosive est un fait surprenant. Il est probable qu'en réalité la dissimilation n'est jamais totale dans ce cas, mais qu'il reste à la place du phonème dissimilé une sorte de souffle, qui disparaît peu à peu avec ou sans allongement. Voir des preuves de l'existence de ce souffle dans *Rousselot, les modifications phonétiques du langage,* p. 143-144, et *Grammont,* MSL, VIII, p. 344-345.

Le lat. vulgaire ne paraît connaître ([1]) pour *r-r* que le traitement *l-r* ou *r-l* : *alberga.*

L'italien ne paraît connaître que ce même traitement : milan. *erbol,* frioul. *árbul.*

Le milanais possède aussi la forme *albor* qui doit son *l* à l'influence de *albus* « blanc » (donc « le bois blanc ») et de *albium* « aubier ». La même explication convient à *albaròtt* « bouleau » (l'espèce principale de bouleau est la *betula alba*), et à *albera* « populus tremula et populus alba ». La forme *èlbor* doit son *l* à l'influence de *albor,* et *èrbor* n'est que le résultat du mélange de *èlbor* avec *àrbol.*

L'ital *albero, albaro* est donné comme exemple de dissimilation par M. Meyer-Lübke (ital. gr., p. 162). D'autres considérant la forme et la signification du mot (il désigne surtout le « peuplier noir » qui est un bois blanc) ont supposé un *albulus* qui lui aurait donné naissance. Cette hypothèse n'est ni nécessaire ni vraisemblable : ital. *albero* reçoit la même explication que milan. *albor :*

([1]) Quand nous disons qu'une langue *ne paraît connaître* que tel ou tel traitement, nous indiquons par là que nous n'en avons pas rencontré d'autre, mais il est évident que d'autres peuvent souvent exister.

il a été influencé par *albo* « blanc » et par *alburno* « aubier ».

Notre explication est confirmée par vha. *albâri*, mha. *alber* qui, ne désignant pas d'autre espèce d'arbre que le « peuplier blanc » a été évidemment emprunté, non pas à lat. *arbore* mais à une forme romane, telle que ital. *albero*, qui possédait déjà l'*l* sous l'influence de *albus*.

Disons encore en passant qu'en milanais la forme *albiûmm* « aubier » doit son *i* à l'influence de *biânch* « blanc » ; cette influence a même été assez forte pour lui faire perdre sa première syllabe, d'où l'autre forme milanaise *biûmm* « aubier ».

Le mot milanais *èrbol* présente encore une particularité, c'est son *e* initial : il est dû à l'influence de *erba* « l'herbe », *erbol* signifiant autant « la plante » d'une manière générale que « l'arbre ». *Erbor* et *elbor* doivent leur *e* à *erbol*. — Le mot milanais *arborâri* « herboriste » (à côté de *erborâri*) présente le phénomème inverse de *èrbol* provenant de **arbol*. C'est au mot signifiant « arbre » qu'il a pris son *a* initial, comme le fr. popul. *arboriste* « herboriste ».

Les mots italiens *arbore*, *carcere*, etc. sont demi-savants en ce sens qu'ils ont été repris au latin ou refaits sur le latin.

Dans les mots italiens tels que *marmo*, *sterco*, Angermann croit (Die Ersch. d. diss. im Griech., Leipzig, 1873, p. 5) que l'*r* final est tombé par dissimilation. C'est une erreur ; comme l'a montré d'Ovidio (Archivio glottol. ital., IV, 410) *r* et *l* finaux tombent régulièrement en italien dans les polysyllabes : *suora, cece, baccano, tribuna, pepe, zolfo*, etc.

L'espagnol ne paraît connaître pour *r-r* que le traitement *l-r* ou *r-l* : *árbol*.

L'esp. *mártir* qui n'est pas dissimilé est un terme d'église refait sur le mot latin.

Le provençal et le portugais ne paraissent connaître que le traitement *r-r* > *l-r* ou *r-l* : prov. *Alvernhe*, port. *arvol*.

Les formes du verbe provençal *albirar* autres que l'infinitif et la première pers. sg. de l'ind. prés. doivent leur *l* à l'influence précisément de *albir* et *albirar*.

Le français connaît pour *r-r* les deux traitements *l-r* ou *r-l* et *0-r* ou *r-0* : *Auvergne, héberger*. Ils tiennent à une différence de dates : une loi phonétique ne peut pas être à double issue ; mais elle peut, après avoir cessé d'agir, reparaître, les conditions qui lui avaient une première fois donné naissance se représentant. Rien ne l'oblige à produire les mêmes résultats la seconde fois que la première. **Piātlom* devient en ancien lat. *piāclom, uetlum* devient en lat. vulg. *ueclum :* voilà deux lois, dont la période d'action est séparée par un intervalle de plusieurs siècles, qui attaquent un même groupe et lui font subir les mêmes modifications. Mais *piāclom* devient en latin *piāculum,* tandis que *ueclum* devient en italien *vecchio :* ce sont bien encore deux lois qui attaquent un même groupe, mais elles lui font subir des traitements très différents.

Le dialecte de Lemken nous présente dans un mot emprunté le traitement *r-r > r-n : marmun.*

Les langues germaniques ne paraissent connaître pour *r-r* que le traitement *l-r* ou *r-l* : vha. *murmel,* mha. *mortel,* all. *balbier.*

L'arménien connaît le traitement *l-r* ou *r-l : eλbayr.*

$$2^o \; l\text{-}l > \begin{cases} r\text{-}l \text{ ou } l\text{-}r \\ n\text{-}l \text{ ou } l\text{-}n \end{cases}$$

l-l > r-l ou *l-r :* l'*l* tonique fait perdre à l'*l* atone la possibilité d'une ouverture latérale. Le courant d'air s'échappe alors sur la pointe de la langue, et la liquide qui résulte de ce changement est un *r*.

l-l > n-l ou *l-n :* même commentaire que plus haut sous la formule *r-r > n-r* ou *r-n.*

L'italien ne paraît connaître que le premier traitement : milan. *kortello, porcinella,* v. ital. *vernullo.*

L'ital. *coltello* est demi savant, c'est-à-dire refait sur le latin ou repris au latin.

L'espagnol et le catalan ne paraissent connaître que le second traitement *l-l > n-l* ou *l-n* : esp. *poncella*, v. cat. *punceyla*.

Le français ne connaît que le traitement *l-l > r-l* ou *l-r : car-cul.*

3e *n-n > l-n* ou *n-l :*

Sopras. *buldonza.* L'*n* tonique fait perdre à l'*n* atone la nasalité : résultat *l*. On a dit que l'*n* est un *d* nasal ; dans ce cas nous devrions attendre comme résultat d'un *n* dénasalisé un *d*. Mais cette définition n'est pas exacte ; le *d* est une momentanée, l'*n* une continue ; l'*n* possède deux éléments que n'a pas le *d*, la nasalité et la continuité. S'il perd le premier de ces deux éléments, il doit rester un phonème dental comme l'*n* et le *d*, sonore comme l'*n* et le *d*, mais continu comme l'*n* et non momentané comme le *d :* ce phonème c'est l'*l*. Si l'on tient à la définition que je signalais tout à l'heure, on pourrait la corriger de la manière suivante : l'*n* est un *l* nasal.

4° *n-m > (l-m* ou) *r-m :*

fr. *Saardam.* L'*m* tonique fait perdre à l'*n* atone la nasalité : résultat *l*, comme dans le cas précédent. Nous verrons dans d'autres lois de très nombreux exemples de *n* dénasalisé par *m* et donnant *l*. Dans l'exemple qui nous occupe nous avons *r*. Ce produit n'est pas exceptionnel, mais il n'est pas absolument normal ; le seul que l'on doive attendre est *l*. Sans doute il n'y a pas une très grande différence entre un *l* et un *r*, surtout entre certains *l* et certains *r* ; la position de la langue est la même ; au moment où l'on va prononcer un *n*, un *d*, un *l*, un *r* le centre de pression se trouve contre la partie de la langue qui touche le palais, c'est-à-dire contre la pointe de la langue. Or pour la prononciation de l'*r* il faut que la pointe de la langue se détache du palais, tandis qu'elle y reste appliquée pour la prononciation de l'*l* comme pour celle de l'*n*. Le changement d'état subi par la langue est moins considérable s'il se forme une ouverture à côté de la langue à un endroit où la pression est moindre, que si elle se forme à l'endroit où la pression est la plus grande. Lorsque la liquide est implosive, comme ici, un *r* peut souvent représenter un *l* : en sicilien *l* implosif devant labiale devient *r* (Schneegans, Laute und Lautentw. d. sic. dial., p. 124) ; à Damprichard *almanach* est devenu *ĕrmwŏnĕ;* dans le Bressan *l* implosif devient *r* devant labiale et surtout devant *m : Guillermo, armona* « aumône » (Philipon, Revue des patois, I, 23), *parma* « paume », *charfŏ* « chauffer », *marva* « mauve», *recourta* « récolte », *ôrmo* « orme », *armana* « almanach », *sarvajo* « sauvage » (Philipon, Rev. d. pat., III, 46). — Il est inutile d'ailleurs d'insister davantage à propos d'un mot qui n'appartient en propre à aucune langue. Nous signalerons le fait quand nous le rencontrerons dans des mots sur lesquels nous avons des données plus précises, et vous reviendrons plus bas sur la question à un autre point de vue (*Obs. gén.*).

Nous n'avons pas trouvé d'exemples de dissimilation dus à la loi I en grec, ni en indo-iranien, ni en latin, ni en celtique.

LOI II

LE SECOND ÉLÉMENT D'UN GROUPE COMBINÉ TONIQUE DISSIMILE LE SECOND ÉLÉMENT D'UN GROUPE COMBINÉ ATONE.

1° LANGUES ROMANES

Latin vulgaire — Le mot *fragrare* « exhaler une odeur » est fort intéressant à notre point de vue, car dans les formes du type *frágro,* c'est le second groupe qui devait subir la dissimilation, tandis que dans celles du type *fragráre* c'est le premier. Comme les formes de ces deux types appartiennent à une même conjugaison, elles pouvaient réagir l'une sur l'autre de façon à supprimer toute dissimilation, ou au contraire à combiner les deux dissimilations. Cela fait pour ce mot quatre types dont nous pouvons espérer de trouver des représentants dans les langues romanes :

α le second groupe est dissimilé : esp. *fragante* « odoriférant », qui est tiré directement du présent **frágo*.

β le premier groupe est dissimilé : prov. *flairar*, fr. *flairer*, cat. *flairar*, port. *cheirar*, sard. *flairare*.

γ toute dissimilation est supprimée : sard *fragrare*, ital. *fragrante*.

δ les deux dissimilations sont réunies : sard. *fiagare*.

Pourquoi le type β n'est-il pas **fagrare* comme le premier est **frago* ? Cela pourrait tenir à une différence chronologique, qu'il serait d'ailleurs impossible d'établir ; mais il est plus probable que l'*r* sollicité par la dissimilation, au lieu de disparaître totalement est devenu *l* sous l'influence de *flare*, l'odeur, l'émanation étant considérée comme un souffle.

Italien — *propio* « propre », *frate* « moine » (Meyer-Lübke, Gr. rom., I ,518).

It. *drieto* et *dreto* de *de-retro* (Caix, Studj di et. it. e rom., p. 189).

It. *bravo* de **brabrus* (J. Cornu, Romania, 1884, p. 110 sqq.)

It. *ghiado* « couteau» de **ghiadio, chiesa* « église » de **chiesia* (Caix, Rivista di fil. rom., II, p. 77, — Meyer-Lübke, Gr. rom., I, 513, — ital. gr., p. 143).

It. *digiuno* « ieiunium » (Meyer-Lübke, Gr. rom., I, 353).

Espagnol — *própio* « propre » (et d'après *própio* : *propiedád, propietário*).

Esp. *criba, cribo,* « crible » (et sur ce modèle : *cribar, cribador*).

Esp. *madrasta* « marâtre » (Meyer-Lübke, Gr. rom., I, 518).

Esp. *postrado* « prostré » de **prostrado*.

Portugais — *crivo* « crible ».

Francais — *crible* = *cribru*.

Dampr. *crèl* « crible ».

Fr. *Briculles* (Meuse) = *Briodurum*. La dissimilation a dû se produire à la phase *Brĵodre*.

2° LANGUES INDO-EUROPÉENNES

Grec — θρέπτα à côté de θρέπτρα (F. de Saussure, MSL, VI,78). La forme θρέπτα nous est fournie par Quintus de Smyrne, Zénodote, Hésychius, Eustathe ; c'est assez dire qu'elle est tardive et que ses groupes sont combinés. Elle indique un accent d'intensité sur l'initiale, coïncidant avec l'accent musical.

Attiq. δρύφακτος « barrière en bois » = *δρύφρακτος (F. de Saussure, MSL, VI, 78). Cette forme s'explique très bien avec un accent d'intensité sur l'initiale, coïncidant avec l'accent musical. Elle pourrait aussi s'expliquer au besoin par l'*Observation générale* 1°, cf. infra).

Grec mod. néolocr. χλιμετρίζω = χρηματίζω (Chalkiopulos, C. St., V. 350).

Gr. βάτραχος ? Tout ce qu'on peut dire de ce mot et des mots parents est tellement hypothétique qu'on voudra bien nous permettre de n'en pas parler et de renvoyer aux articles de Bezzenberger (Bezz. B., II, 190), — Roscher (C. St., IV, 189), — Fick (Bezz. B., VI, 211), — Bury (Bezz, B., VII, 82), — De Saussure (MSL, VI, 78).

Latin — *præstigiæ* de *præstrigiæ* (cf. Bréal, MSL, VIII, p. 47). On a encore *præstrigiæ* chez Cæcilius et *præstrigiator* chez Plaute. La dissimilation s'est produite à une époque où l'accent d'intensité était encore sur l'initiale, et elle a été possible parce que le sujet parlant ne sentait pas la parenté du second terme de ce composé.

Lat. *crebui* parfait de *crebresco*. On ne peut guère donner une date. *Crebui* a eu à toutes les périodes de la latinité l'accent sur l'initiale. A l'époque ou *crebresco* l'avait sur la pénultième il n'est pas devenu **cebresco* à cause du voisinage de *creber*, *crebui*. Mais à l'époque où *crebresco* était accentué sur l'initiale, s'il n'est pas devenu **crebesco*, c'est sans doute qu'on sentait le second *r* de *crebrem* comme appartenant au thème ; ce sentiment a pu changer : il est donc permis de supposer que *crebui* appartient à la seconde période. Les formes *crebesco* et *crebrui* existent aussi, mais sont extrêmement rares et dues selon toute vraisemblance à l'analogie morphologique. Les formes livrées ont été rassemblées par Bücheler dans Fleckeisen's Neue Jahrbücher, 1872, p. 114 sqq. Quant à *crebrem* il ne pouvait perdre son second *r* à aucune période : l'*r* final de *creber* le retenait, comme celui de *frater* le retenait dans *fratrem*.

Lat. *fragrare* « exhaler une odeur » ; pour la double dissimilation possible dans ce mot, voir plus haut le même mot en latin vulgaire. Cette double dissimilation n'est possible qu'à l'époque où l'accent d'intensité coïncide avec l'accent musical. On trouve déjà *flagrare* dans Bœhrens, Catulle, II, 101, et *fraglare* dans Fronton, V, 27, 34.

Lat. *agrestis* de **agrestris*, cf. *silvestris*, *terrestris*, *campestris*, *rurestris* (Schweizer-Sidler, Gr. lat., § 76). Cette dissimilation paraît être de la même époque que celle qui a changé *crebrui* en *crebui*; l'accent d'intensité tombait sur la pénultième. Elle n'a d'ailleurs été possible que grâce à l'existence d'adjectifs en *-tis* en latin : *fortis, potis, tristis, mitis*.

COMMENTAIRE II

$$1^{\text{o}}\ \ r\text{-}r > \begin{cases} 0\text{-}r \text{ ou } r\text{-}0. \\ l\text{-}r \text{ ou } r\text{-}l. \end{cases}$$

Nous avons déjà expliqué au *Commentaire I* ces deux traitements. Toutefois quelques explications supplémentaires sont nécessaires ici. Une liquide ou une semi-voyelle combinée a moins de force et moins de durée qu'une liquide ou une semi-voyelle appuyée. Prenons un exemple pour illustrer ce fait : on peut dire d'une manière approximative que le ρ de πατ-ρός et le groupe *tr* de *pa-tris* sont des quantités équivalentes, et en déduire, toujours d'une manière approximative, que si l'on attribue au ρ de πατρός la valeur 1, l'*r* de *patris* vaudra 1,2. Ces chiffres ne répondent à rien dans la réalité, mais ce qui nous importe et qui est certain, c'est que l'*r* de *patris vaut moins* que le ρ de πατρός. On comprend dès lors très bien que lorsqu'un *r* combiné, c'est-à-dire incomplet, subit une dissimilation, il puisse ne rien rester du tout à sa place. Toutefois à priori cette chute totale de *r* combiné ne parait pas nécessaire. Nous avons vu (Commentaire I)

r-r devenir *l-r* ou *r-l*. Nous avons donc le droit d'attendre que l'*r* combiné qui subit une dissimilation devienne *l* dans certaines langues et à certaines époques. On pourrait même soutenir qu'une consonne placée dans la position où est *r* ne disparaît jamais totalement puisque la consonne qui précède ne vaut que 1/2 lorsque l'*r* est combiné avec elle et vaut 1 aussitôt que l'*r* n'est plus là ; mais il faudrait s'empresser d'ajouter que ladite consonne même sans recevoir aucun appoint de l'*r* disparu ne saurait valoir moins que 1 ; sa position l'y oblige.

L'italien, l'espagnol, le portugais, le grec ancien ne paraissent connaître que le premier traitement : it. *propio,* esp. *propio, postrado,* port. *crivo,* gr. θρέπτα.

Le français ne paraît connaître que le second : fr. *crible,* Dampr. *crèl.*

Le néolocrien de même : χ)ιμετρίζω.

Le latin les connaît tous deux, mais c'est à des époques différentes, cf. supra : *praestigiae, flagrare, fraglare.*

Les mots fr. *prostrer,* ital. *prostrare,* port., prov. *prostrar* n'ont pas subi de dissimilation parce que le sujet parlant y sentait le préfixe si fréquent *pro-.* Il est assez curieux que le même phénomène ne se soit pas produit en espagnol. Mais si l'on songe que *postrado* signifie « humble, humilié », et qu'un mot signifiant « prosterné derrière » ou « prosterné à côté » exprimerait à peu près aussi bien l'idée demandée qu'un mot signifiant « prosterné devant », on comprendra que l'existence du préfixe *post-* ait pu permettre à la dissimilation de se produire.

Les mots ital. *proprio,* fr. *propre,* esp. *proprio,* port. *proprio* sont restés intacts grâce aux dérivés signifiant « propriété », « propriétaire », etc. dans lesquels c'est le second *r* qui était stable et le premier chancelant, en vertu de la loi XIX. C'est pour les mêmes raisons que le latin *proprius* n'avait pas été dissimilé.

Lat. *praegredi* a été retenu par *ingredi, aggredi,* etc.

On peut se demander pourquoi le latin possédant la loi II n'a pas fait **frātem* de *frātrem,* comme l'italien par exemple. C'est que l'italien ne possède que ce cas, tandis qu'en latin on avait *frater, fratris, fratri, fratre* et le pluriel. L'*r* du nominatif ne retient pas forcément un *r* aux autres cas ; mais il rend ce mot inséparable pour la déclinaison de *pater* et de *māter ; frātrem* est donc retenu par *patrem* et *mātrem.* Mais en italien le seul lien qui puisse réunir ces trois mots est le lien sémantique, qui rend en effet *padre* et *madre* inséparables, mais leur rattache d'autant moins *frate* que ce mot signifie bien plutôt « moine » que « frère ».

Les mots grecs ἀκρόδρυα (Platon), ἀκρόπρωρον (Strabon), τρίκρανος (Sophocle), etc. n'ont pu être dissimilés parce que chacun reconnaissait leurs deux éléments. — Quant à κρέαγρα (Aristophane), le second terme n'en était évidemment pas très clair, mais on le retrouvait dant πυράγρα.

$$2^o \; j\text{-}j > 0\text{-}j \text{ ou } j\text{-}0.$$

Même explication que plus haut pour *r-r* > *0-r* ou *r-0* : ital. *chiesa.*

$$3^o \; \breve{z}\text{-}\breve{z} > 0\text{-}\breve{z} \text{ ou } \breve{z}\text{-}0.$$

Même explication que pour 2⁵ : ital. *digiuno* == *gigiuno,* c'est-à-dire *dźidźuno.*

Nous n'avons rencontré d'exemples de la loi II ni en indo-iranien, ni en baltico-slave, ni en germanique, ni en celtique.

On a cité en vieux slave *bratŭ* « frère » à côté de *bratrŭ* et *prostŭ* « allongé, droit, simple » de *prostrŭ* (Miklosich, Et. Wœrt., p. 321). Mais d'abord on ne comprendrait plus pourquoi *bratrŭ* aurait subsisté ; d'autre part M. Hirt a montré (Idg. Forsch., II, 360) que *bratŭ* représente vraisemblablement *bhrātōr. Bratrŭ* devrait alors son *r* aux anciens cas obliques de la déclinaison de ce mot. Quant à *bratĭja, bratrĭja* leurs thèmes sont tirés respectivement de *bratŭ* et *bratrŭ.* Enfin *prostrŭ* repose sur une étymologie fausse : c'est la racine de ἵστημι et non celle de στόρνυμι qui entre en jeu dans ce mot (cf. J. Schmidt, Pluralbildungen, p. 346).

LOI III

APPUYÉE TONIQUE DISSIMILE APPUYÉE ATONE

Nous n'avons pas rencontré de représentants certains de cette loi. Cela n'a rien de surprenant : il y a très peu de mots où l'on trouve deux fois la même liquide appuyée ; quand cela se rencontre, c'est généralement dans un composé, comme gr προπρηνής (Hom.), τετράτρυφος (Hésiod.), et dans ce cas si chacun des membres du composé reste reconnaissable pour le sujet parlant, aucune dissimilation n'est possible.

Nous citerons pourtant :

homér. βλωθρός « haut, en parlant d'une plante » == *βρωθρος (Johansson, KZ, XXX, 449).

Pour que cet exemple figure ici il faut admettre que dans ce mot l'accent d'intensité coïncidait avec l'accent musical. C'est précisément la dissimilation qui nous fournit cette indication.

LOI IV

COMBINÉE TONIQUE DISSIMILE INTERVOCALIQUE

1° LANGUES ROMANES

Latin vulgaire — *proda* de *prora* (Grœber, Arch. f. lat. Lex.,
IV, p. 449) : it. *proda*, gén. *prua* (*d* intervocalique tombe en génois, tout comme *r* intervocalique), prov. *proa*, cat., esp., port.
proa. —Le fr. *proue* paraît emprunté au génois (G. Paris, Rom.,
IX, 486 et X, 42).

Lat. vulg. *prudere* de *prurire* (Grœber, Arch. f. lat. Lex., IV,
450) : ital. *prudere*, port., cat. *pruir*, prov. *pruzer*, *pruir*.

Lat. vulg. *pelegrinu* de *peregrinum*, ital. *pellegrino*, fr. *pèle-
rin*, esp. *pelegrino*, vha. *piligrim*.

Lat. vulg. *palafredu* de *parafredum* : it. *palafréno*, esp. *pala-
frén*, fr. *palefroi*.

Italien — *calabrone* « bourdon » de lat. *crabro* (cité par Caix,
Studj di et. it. e rom., p. 186).

Frioul. *ledrós* = *retrorso* (Ascoli, Arch. glott. it., I, 516).

Ital. *contrádio* « contraire » (Meyer-Lübke, ital. gr., p. 162).

Ital. *brado* de **bravus* = **bravrus* ; cf. pour l'explication de
ces formes J. Cornu, Romania, 1884, p. 110 sqq.

Espagnol — *freile*, *fraile* à côté de *freire*.

Français — Dampr. *aljudròl* « hirondelle ».

2° LANGUES INDO-EUROPÉENNES

Grec — φλαῦρος = 'φλαυλος (Pott, Et. Forsch., 2, 100). Cette
forme est ionienne, fréquente chez Hérodote et Hippocrate ; rare
chez les écrivains attiques elle ne paraît pas appartenir en propre
à leur dialecte ; l'attique dit φαῦλος. Nous ne connaissons pas encore la place de l'accent d'intensité en grec, mais comme toutes

les langues ont à la fois un accent d'intensité et un accent musical, il est évident que le grec ne faisait pas exception à la règle. Nous ne voulons pas faire ici d'hypothèse générale sur la place de cet accent d'intensité en grec, mais nous constaterons que si l'on supposait que dans un mot comme *φλαυλος il pouvait être tantôt sur la première voyelle, tantôt sur une autre, suivant les différents cas de la déclinaison par exemple, φλαῦρος s'expliquerait parfaitement avec l'accent d'intensité sur la première voyelle (loi IV) et φαῦλος avec l'accent sur une autre (loi XVI).

Germanique — Vha. *sprahhali* de *sprahhari* « sprecher » (Bechtel, Ass. und. diss., p. 41).

Vha. *treseler* « trésorier » (Bechtel, ibid., p. 44).

Latin tardif — *menetrix* « meretrix » (Non., II, 4). Cette dissimilation est née aux cas obliques.

Baltico-slave — Lit. *Gry'galis* « Gregorius » (Bechtel, Ass. und diss., p. 28).

Lit. *drikelis* « drücker an der thüre » (Bechtel, ibid , p. 28).

Lit. *skry'bélé* « schreiber » (Bechtel, ibid., p. 28).

Lett. *skrõdelis* « tailleur » de *skrõderis* (Brugmann, Grr., I, 226).

Moyen breton — *empalazres* « impératrice » (MSL, VII, 200).

COMMENTAIRE IV

$$1°\ r\text{-}r > \begin{cases} l\text{-}r \text{ ou } r\text{-}l \\ n\text{-}r \text{ ou } r\text{-}n \\ (d\text{-}r \text{ ou) } r\text{-}d \end{cases}$$

r-r > *l-r* ou *r-l*, cf. *Commentaire I*, même formule.

r-r > *n-r* ou *r-n*, cf. *Commentaire I*, même formule.

r-r > *d-r* ou *r-d* : l'*r* dissimilant fait perdre un élément à l'*r* dissimilé, à savoir la continuité. Il reste une dentale momentanée sonore, c'est-à-dire *d*. Ce résultat n'est possible que si l'*r* dissimilé n'était pas prononcé plus en arrière que les alvéoles ; un *r* vélaire donne un produit différent.

Le lat. vulg. connaît le traitement *l-r : pelegrinu, palafredu* et le traitement *r-d : proda, prudere*. Il y a sans doute là une différence de dates ; néanmoins il est bon d'observer que l'*r* qui devient *l* précède l'accent tandis que celui qui devient *d* le suit : ce n'est peut-être pas un pur hasard.

L'italien connaît les deux mêmes traitements et dans les mêmes conditions : *calabrone, ledrós* et *contrádio, brado*.

Le mot ital. *prora* « proue » est repris au latin. — Quant à *contráro, contrario* ils s'expliquent suffisamment par la fréquence du suff. *-aro, -ario* ; il est même curieux que la forme *contradio* ait pu naître. — Les formes *petriero = petrariu, vetriera = vitraria, levriere = leporariu,* etc. s'expliquent par la fréquence de ce même suffixe *-ariu*.

L'espagnol, le français, le germanique, le baltique connaissent le traitement *l-r* ou *r-l* : esp. *fraile*, Dampr. *aljᵈdrōt*, vha. *sprahhali*, lit. *skrybélé*, lett. *skrōdelis*.

Le traitement *n-r* n'étant représenté que par lat. *menetrix*, il n'y a pas lieu d'insister.

2° l-l > r-l ou l-r,

Cf. *Commentaire I*, même formule : gr. φλαῦρος.

LOI V

COMBINÉE TONIQUE DISSIMILE IMPLOSIVE ATONE

LANGUES ROMANES

Italien — *albitrare, albitraro, albitrario.*

Espagnol — *albedrio, albidrado.*

Français — Coussegrey (Aube) = *Coursegreye = curtissecreta* (Communiqué par M. A. Thomas).

Commentaire V

r-r > *l-r* ou *r-l*, cf. *Commentaire I*, même formule. On peut comparer à cette loi une loi de dissimilation vocalique en latin vulgaire : *u* implosif atone est dissimilé par *u* tonique de la syllabe suivante : *agustu = augustum, ascullo = ausculto, aguriu = augurium, acupo = aucupo.*

Les mots it. *albitro, albitrio* doivent leur *l* à l'influence de ceux que nous avons cités plus haut. Quant à *arbitrario, arbitrare,* etc. ils sont repris au latin ; il faut remarquer d'ailleurs que *arbitrio, arbitro.* etc. ne tombaient pas sous le coup de la loi.

Esp. *arbidrado* a repris son *r* à *arbitro, arbitrar* qui sont refaits.

Les conditions nécessaires pour l'accomplissement de cette loi sont très rarement réunies.

LOI VI

IMPLOSIVE TONIQUE DISSIMILE APPUYÉE TONIQUE

Français. — *Saint-Sorlin* (Ain, Charente-Inférieure, Drôme, Isère, Rhône, Saône-et-Loire, Savoie) = *Saturninus* (A. Thomas, Annales de la Faculté de Bordeaux, 1886, p. 314).

Moyen breton — *unvan* « égal » = ʼ*unman* (E. Ernault, MSL, VII, 480).

Moy. bret. *tabarlaac* « dais » de *tabernacle,* paraît reposer sur ʼ*tabarnanc*, cf. loi XIV *palanche* de *panache.* (Id., ibid., p. 502).

Cette loi est fort peu représentée ; mais il faut noter que *Sorlin* apparaissant dans sept départements, équivaut à sept exemples différents. Elle est d'ailleurs attendue après ce que nous avons déjà vu, et montre une fois de plus que dans une syllabe accentuée l'intensité ne commence qu'avec la voyelle quand la consonne initiale est unique.

On trouvera plus loin, loi XIV, un certain nombre d'exemples, tels que : ital. *vembro*, pad. *lombro*, v. esp. *lombre*, port. *lembra*, etc. qui devraient figurer ici si c'est après consonne qu'ils ont été dissimilés. Nous les avons placés sous la loi XIV, parce que nombre d'exemples particulièrement réunis sous la loi VIII montrent que dans les langues romanes le traitement d'une consonne initiale est beaucoup plus fréquemment celui d'une intervocalique que celui d'une appuyée. En réalité, les mots que nous venons de signaler réunissaient les conditions nécessaires pour subir une dissimilation aussi bien après finale consonantique qu'après finale vocalique.

LOI VII

IMPLOSIVE TONIQUE DISSIMILE COMBINÉE TONIQUE

LANGUES INDO-EUROPÉENNES

Baltico-slave — Lit. *glinda* « lente » de **gninda* (J. Schmidt, KZ, XXVI, p. 10) ; slov., bulg., serb. *gnida*, tch. *hnida*, pol. *gnida*, pet. russ. *hnyda*, russ. *gnida* ; vha. *niz*, holl. *neet*, ags. *hnitu*, angl. *nit* ; gr. κονίδες, lat. *lendes*.

Polon. *księga* « lettre », v. sl. *kŭn'iga*.

Polon. *ksiądz* « prêtre », v. sl. *kŭnędzĭ* « prince ».

Celtique — V. irl. *glún* « genou » est rapproché par M. Collitz (Oriental stud.. p. 194. Boston, 1894) de sk. *jānu*, gr. γόνυ, lat. *genu*. got. *kniu* : sans doute avec raison. Il sortirait alors de **gnû-nos* (thème en s) ; mais la dissimilation ne pouvait se produire qu'aux formes où l'*n* terminait le mot. Il faudrait en outre en écarter gaul. *Glāno-māros* : il est vrai que rien n'est plus hypothétique que la signification « aux grands genoux » ou « grand par les genoux », attribuée à ce nom. Une autre hypothèse est possible : v. irl. *glún* et gaul. *glūno-* sont le même mot ; alors la dissimilation remonterait à la période de l'unité celtique et se serait produite dans des cas où l'accent était sur la finale *nos* : c'est la loi XVI qui l'aurait produite.

Germanique — Vha. *bior*, ags. *beór* « bier » = **breura-*, cf. vha. *briuwan* « brauen » (Brugmann, Grr., I, 223).

COMMENTAIRE VII

1° *r-r* > *0-r*, cf. Commentaire I, formule *r-r* > *0-r* ou *r-0*.

2° *n-n* > *l-n*, cf. Commentaire I, formule *n-n* > *l-n* ou *n-l*.

3° *n'-n* > *s'-n* : pol. *księga, ksiądz*. Ces exemples m'ont été proposés par M. A. Meillet. Voici l'explication à laquelle nous nous sommes arrêtés d'un commun accord : *księga* et *ksiądz* sortent respectivement de **kŭnjęga* et *kŭnędzĭ* qui devaient donner en polonais sans dissimilation **knięga* et **kniądz*. La nasale *n'* s'est assourdie après *k*, cf. *v* qui devient de très bonne heure *f* après *t* en polonais, par ex. *tforzec* (graphie attestée dès le moyen âge), v. sl. *tvorĭcĭ* « auctor » ; cf. d'autre part sur l'assourdissement d'une sonore faisant partie d'un groupe combiné dont le premier élément est une occlusive sourde, les observations d'un professeur aveugle (L. Havet, MSL, II, 218 sqq.) et celles de M. l'abbé Rousselot (Les changements phonétiques du langage, p. 57 sqq). Si l'on songe qu'aujourd'hui encore les voyelles nasales du polonais ne sont pas identiques à celles du français, mais se terminent par une légère consonne nasale, soit *ęn, ąn*, on comprendra facilement que la nasale combinée *n'* ait pu perdre sa nasalité par dissimilation. Or un *n'* sonore perdant sa nasalité serait devenu *j* ; un *n'* sourd dans les mêmes conditions doit devenir *j* sourd, c'est-à-dire à très peu de chose près le *ch* de l'all. *ich* ; c'est précisément le *s'* polonais.

Księga et *ksiądz* font inévitablement songer à *giąc'*, v. sl. *gŭnǫti* « courber », qui en est d'ailleurs rapproché par Miklosich (Vergl. gr. d. sl. spr., 1879, p. 540). La question est très différente ; *giąc'* n'est pas le produit d'une dissimilation, comme le montrent *gnębic'* « presser », mot absolument isolé, et *wnętrz* « l'intérieur » ; *giąc'* a été formé analogiquement sur le présent *gnę* d'après *piąc'*: *pnę* (v. sl. *pęti: pĭnǫ* « j'étends »), *ciąc'* : *tnę* (v. sl. *tęti : tĭnǫ* « je coupe »), *poczạc'* : *pocznę* (v. sl. *počęti : počĭnǫ* « je commencerai »), etc.

La loi VII est assez peu représentée parce que les conditions qu'elle exige sont rarement réunies. Elle est toujours régressive, mais cela ne tient qu'au hasard de la position respective des phonèmes qui entrent en jeu et non à sa nature propre.

II

LOIS INDIFFÉREMMENT RÉGRESSIVES OU PROGRESSIVES
NE DÉPENDANT PAS DE L'ACCENT D'INTENSITÉ

LOI VIII

EXPLOSIVE APPUYÉE, COMBINÉE OU NON, DISSIMILE EXPLOSIVE
INTERVOCALIQUE

1° LANGUES ROMANES

Latin vulgaire — *cinque* « cinq » de *quinque* : it. *cinque*, prov. *cinc*, fr. *cinq*, cat. *cinch*, esp., port. *cinco*.

Lat. vulg. *cinquaginta* « cinquante » de *quinquaginta* : it. *cinquanta*, prov. *cinquanta*, fr. *cinquante*, cat. *cinquanta*, esp. *cincuenta*, port. *cincoenta*.

Lat. vulg. *coliandru* de *coriandrum* : esp. *culantro*, milan. *colander* (Salvioni, Fonetica del dialetto di Milano, p. 191), sic. *cughjandru* de *coliandrum* (Schneegans, Laute und lautentw. d. sic. dial., p. 141). Les formes avec *r* telles que fr. *coriandre* sont savantes. — La dissimilation dans ce mot est probablement grecque.

Lat. vulg. *radu* « rare » de *rarum*. C'est le traitement après consonne ; après voyelle c'est le premier *r* qui devait être dissimilé, en vertu de la loi XVII. Lat. vulg. *radu* est représenté par ital. *rado* et v. esp. *rado*. Esp *ralo*, Val Soana *ral* (Nigra, Arch. glott. it., III, 32) sont nés indépendamment dans les deux domaines d'un *raru* repris au latin. *Ralu* est postérieur à *radu* mais ne peut pas sortir de *radu*. Quant aux formes qui présentent les deux *r* elles sont reprises au latin : it. *raro*, fr. *rare*. L'*a* du français suffirait à indiquer que cette forme est purement savante.

Italien — Palermo = Panormus (Diez, Gramm., I, 217).

It. *licorno = *nicorno* de *unicornis*. Le fr. *licorne* est emprunté à l'italien.

It. *megliaca* « abricot » = *armeniaca* (Caix, Studj di et. it. e rom., p. 188). C'est le traitement après consonne, que la dissimilation se soit produite alors que la syllabe *ar* n'était pas encore tombée, ou qu'elle se soit produite après des mots terminés par consonne. On peut songer à une autre explication : l'*n* de *armeniaca* serait devenu *l* sous l'influence du mot *mela* « pomme », et ce mot *mela* n'aurait pas peu contribué à la chute de la syllabe initiale *ar*.

It. *scarmigliare* « écheveler » de *carminare* (Meyer-Lübke, ital. gr., p. 163).

Napol. *vammana = mammana* (D'Ovidio, Groebe.'s Grr. 1,535).

Lucq. *bignoro = mignoro* « mignolo », *bignatta = mign-*. Pieri, qui cite ces deux mots (Arch. glott. it., XII, p. 120), dit de leur *b* « non ha importanza ».

It. *novero* « nombre ». M. Ascoli (Studj critici, II, 266) explique *novero* par *nòvero < *nombere* : il prend pour modèle *gambaro = cámero*. Cette explication tombe d'elle-même si l'on considère que *gambaro* n'est pas devenu *gavero*. M. Meyer-Lübke voit avec raison une dissimilation dans *novero* (ital. gr., p. 163) : le *r* est le résultat ordinaire de la dissimilation d'un *m* par *n*. *Novero* est forcément le traitement après consonne (*il novero*), car après voyelle le résultat eût été *lomero*, conformément à la loi XVII.

Sopraselva *nember* « membrum » (Ascoli, Arch. glott. it., I, p. 70).

Padou. * *nimbri = membri* ; *nimbri* n'existe pas, la forme padouane est *limbri* qui sort de *nimbri*; cf. *limbri* loi XIV.

Espagnol — alambre « cuivre » de v. esp. *arambre*.

Esp. *lirio* « lis » (Baist, Grœber's Grr., 1, 703) sorti de *lilio* après consonne : *el lirio*.

Esp. *nispero* « nêfle ».

Esp. *niembro* « membrum » (Baist, Grœber's Grr., I, 702).

Esp. *nembrar* « memorare » (Baist, Grœber's Grr., I, 702).

Esp. *mentira* « mensonge » de *mentida* (cf. catal. *mentida*). Cette dissimilation a pu être favorisée par le mot *mentir*.

Catalan, Provençal — Cat. *vorm*, prov. *vorma*. Ces deux formes sont sorties par diss. d'un type *mormo, commun au cat.-prov. et à l'esp.-port. (esp. *muermo*, port. *mormo*) et né par assimilation du lat. vulg. *morvus* pour *morbus* (fr. *morve*, bergam. *morvá*, sic. *morvu*. Cf. Grœber, Arch. f. lat. lex., IV, 121).

Portugais — *mentira* « mensonge ».

V. port. *nembra* « memorat » (Meyer-Lübke, Gr. rom., I, p. 512).

V. port. *Lormanos* « Normanni » (Diez).

Français — *nappe* = *mappa*.

Fr. *nêfle* = *mespilu*.

Fr. popul. *lormal* de *normal*.

<h3 style="text-align:center">2° LANGUES INDO-EUROPÉENNES</h3>

Baltico-slave — pol. *niedz'wiedz'* — *mied-* (Miklosich, Vergl. gr. d. sl. spr., 1879, p. 543). —čèq. *nedvěd* de *medvěd* (Miklosich, ibid., p. 508).

Russ. *busurmán* « musulman », v. russ. *besermeninŭ* (Miklosich, ibid., p. 478).

Russ. *Bochmit* « Mahmet ».

Pet. russ. *skolozdryj* de *skorozdryj* « qui mûrit vite ».

Pet. russ. *kol'andra* « coriandre ». La dissimilation dans ce mot n'est probablement pas russe ; elle était sans doute déjà faite quand il a été emprunté.

Bas sorab. *nalpa* « singe », polon. *malpa*.

Grec — φλαῦρος = *φλαῦλος (Pott, Et. Forsch., 2, 100).

Gr. λύθρον (F. de Saussure, MSL, VI, 77).

Gr. κμέλεθρα, μέλαθρον paraît bien être sorti de *κμερεθρα quand on en rapproche καμάρα, lat. *camera, camurus*. Ce n'est pourtant pas certain : les suflixes peuvent n'avoir rien de commun.

Gr. μολοβρός (hom.) de *μοροβρος, cf. ἀμορβός (Fick, Bezz. B., II, 187).

Gr. κυβερνάω, cf. cypr. κυμερῆναι, lit. *kumbryti* « diriger un navire ».

Gr. λάρναξ = νάρναξ· κιβωτός Hés.

Gr. λίκνον « corbeille sacrée, van » de *νικνον, cf. Hés. νεῖκλον, νίκλον qui sont formés avec un autre suffixe (S. Bugge, C. St., IV, 335, — G. Meyer, Gr. gr., § 169, — P. Kretschmer, KZ, XXIX, 442).

Gr. λικμητήρ « vanneur » qui glose chez Hés. νεικητήρ. Μεγαρεῖς. — Εὐλίκμητον qui glose chez Hés. εὐνίκμητον ; cette dernière forme a pu être retenue par νίκλον, νεῖκλον, νίκειν, etc. — Λικμᾶν « vanner » glosé chez Hés. par νίκειν (S. Bugge. C. St., IV, 335).

Gr. λίστρον = ῥίστρον· πτύον Hés. (F. de Saussure, MSL, VI, 78).

Gr. κολίανδρον = κορίανδρον (F. de Saussure, ibid.).

Gr. κροκόδειλος = *κροκόδειρος (?) (F. de Saussure, ibid.).

Eléen Χαλάδριοι de Χαράδρα (Brugmann, Hdb. d. klass. altertumswiss., I, 44).

Attiq. Ὀλυττεύς. Il semble résulter du travail de M. P. Kretschmer sur les inscriptions des vases attiques (KZ, XXIX, 430-435) que Ὀλυττεύς serait la seule forme vraiment attique et que Ὀδυσσεύς appartiendrait en propre au dialecte épique.

Grec mod. : Bova (colonie grecque en Calabre) *fermika* « fourmi » (μερμήγκα). Morosi, qui croit y voir, à tort, une influence du latin *formica*, note l'*f* aussi par *v* (Arch. glott. it., IV, 24). A Roccaforte (même région) on a, d'après lui, la forme *vermici*, qui tranche nettement la question contre lui.

Latin — *hibernus* = gr. χειμερινός. L'ĕ de la seconde syllabe disparaît parce qu'il est suivi d'au moins deux mores (A. Meillet,

Rev. bourguignonne, V. p. 224) ; l'*i* de la troisième syllabe précédé de *r* disparaît pour une autre raison (A. Meillet, *ibid.*, p. 227), en sorte qu'à une certaine époque nous avons *himrnos* qui devient *himernos* comme *incritos* est devenu *incertus* par l'intermédiaire de *incrtos*. Puis *himernos* devient *hibernus* par dissimilation.

Lat. *formīca* « fourmi » de *mormīca*, cf. gr. μύρμηξ.

Lat. *formīdō* de *mormīdō*, cf. gr. μορμώ.

Lat. *Lāra* « la déesse bavarde » = *Lāla* (L. Havel, MSL, VI, 113). Cette dissimilation n'est possible qu'à condition que l'*l* initial soit appuyé, cas assez rare. Aussi une autre hypothèse est-elle permise. *Lāra* serait un autre mot que *Lala* et présenterait le suff. *ro*, comme gr. λάρος « bavard ».

Sindh. *limmu*, cf. sk. *nimbas* (Brandreth, The gaurian and the romance languages, dans Journal of the royal asiatic society, XI, 303).

Gaulois — *Cebennom* « Cévennes » paraît être le même mot que ligur. Κέμμενον. Il aurait fort bien pu sortir en effet d'une forme *Cemennom*.

Commentaire VIII

1° *qu-qu* ⸗ *c-qu* : le *qu* appuyé fait perdre au *qu* intervocalique son élément vélo-labial : reste *k* ou *c*. Les nombreux exemples cités sous cette loi VIII pour une consonne initiale dissimilée nous montrent que dans les langues romanes le traitement après voyelle est beaucoup plus fréquent pour une consonne initiale que le traitement après consonne. Les mots tels que *cinque* nous montrent en outre que l'intensité due à l'accent ne commençait pas avec la consonne initiale de la syllabe tonique, et que le *qu* latin n'est pas assimilable à un groupe combiné, car lorsqu'un groupe combiné commence une syllabe tonique, l'intensité due à l'accent commence avec le second élément du groupe combiné : cf. à ce sujet les lois II, IV et V.

Mettant à part les mots à redoublement nous n'avons rencontré la dissimilation *qu-qu* > *e-qu* qu'en latin vulgaire.

$$2^o\ r\text{-}r\ >\ \begin{cases} l\text{-}r \text{ ou } r\text{-}l. \\ d\text{-}r \text{ ou } r\text{-}d. \end{cases}$$

Pour le premier de ces deux traitements cf. *Commentaire I*, pour le second cf. *Commentaire II*.

Nous n'avons rencontré le second qu'en latin vulgaire : *radu*.

Le premier existe-t-il en latin vulgaire? C'est douteux, car *coliandru* peut n'être autre chose que le mot gr. κολίανδρον. En tout cas l'espagnol le connaît : *alambre*. Il n'y a pas lieu de s'arrêter aux mots espagnols tels que *sombrero* « chapeau », *carrera* « carrière, rue » qui n'ont pas été dissimilés, bien que se trouvant dans les conditions requises par cette loi : l'extrême fréquence du suffixe *ero*, *era* dans les noms d'agent, d'instrument, etc., empêchait toute dissimilation de se produire dans ce suffixe.

Le petit russe nous a fourni l'exemple *skolozdryj*, et le grec en connaît plusieurs : λύθρον, μολοβρός, λίστρον, κολίανδρον, etc. Les mots tels que ἀκροπόρος (hom.), ἀνδροβόρος, ἀνδροβορίς, etc., ont échappé à la loi parce que chacun reconnaissait aisément les deux termes du composé. Πυράγρα a été retenu par πῦρ, κριτήριον par les autres mots en -τηριον qui désignent un instrument ou un moyen : βαπτήριον, ὀπτήριον, ἐργαστήριον, σημαντήριον, φυλακτήριον, etc.

$$3^o\ l\text{-}l\ >\ r\text{-}l \text{ ou } l\text{-}r.$$

Cf. *Commentaire I*, même formule.

Nous n'en avons rencontré d'exemple qu'en espagnol, en grec et en latin ; encore l'exemple *Lara* est-il très douteux cf. supra).

Les mots tels que gr. ἀλίπλοος (hom.) ont été retenus par la clarté de leur formation ; ceux tels que lat. *malleolus* de même, si toutefois cette dissimilation existe en latin.

4° *n-n* > *l-n* ou *n-l*.

Cf. *Commentaire I*, même formule. Nous n'en avons rencontré d'exemples qu'en italien : *licorno* et en grec : λάρναξ, λίκνον, etc. Les mots grecs tels que αἰένυπνος, ἄναγνος, ἀνάεδνος, ἀναπνέω, etc. n'ont pas subi de dissimilation parce que les deux termes de ces composés sont très clairs.

5° *m-m* > *b-m* (ou *m-b*) ou bien *v-m* (ou *m-v*).

L'*m* appuyé fait perdre la nasalité à l'*m* intervocalique ; il reste un *v* bilabial ou *b* continu. Ce nouveau phénomène ne peut rester intact que dans les langues qui le possèdent ; les autres le remplacent instantanément par ce qu'elles ont de plus voisin, à savoir tantôt par *v* labiodental, tantôt par *b* momentané.

En laissant de côté les formes à redoublement nous n'avons rencontré d'exemples de ce traitement qu'en russe : *busurmán*, en catalan *vorm*, prov. *vorma*. Encore ce dernier mot peut-il être considéré comme un mot à redoublement. Il est bon que nous le citions néanmoins ici et avec lui lat. *formīdo* pour pouvoir expliquer dès maintenant le traitement de *m* dénasalisé.

$$6°\ \textit{m-n} > \begin{cases} \alpha\ \textit{m-l},\ \beta\ \textit{v-n}\ \text{ou}\ \textit{b-n}\ ; \\ \alpha\ \textit{l-m},\ \beta\ \textit{n-v}\ \text{ou}\ \textit{n-b}. \end{cases}$$
$$\textit{n-m} >$$

Ces deux traitements ont déjà été expliqués. Presque toutes les langues présentent le traitement α : it. *Palermo*, *scarmigliare*, v. port. *Lormanos*, fr. popul. *lormal*, gr. λαμπτήρ, sindh. *limmu* ; plusieurs connaissant aussi le traitement β : Lucq. *bignoro*, it. *novero*, lat. *hībernus*, gr. κυβερνάω. Ce qui est important, c'est que la dénasalisation de *m* ou de *n* paraît être étrangère à certaines langues : esp. *limosna*, lat. *Panormus*, *Sulmona*, *carmĭnare*, *nummus*, etc.

En latin *hībernus* ne fait aucune difficulté, mais *formīca*, *for-*

mĭdō nous ont longtemps arrêté. Pourquoi *f* et non *v* ou *b* ? (car l'*f* de *fermika* à Bova paraît bien n'être qu'un *v*, cf. supra). M. Osthoff (MU, V, 84) pense que *hibernus* est sorti de *hibrinos*, et *tūber* de *tubros* = *tumros*. C'est l'*m* qui serait devenu *b* devant *r*. Mais le passage de *m* à *b* devant *r* est inconnu dans les langues indo-européennes, et ce qu'on attend d'après les langues romanes, le grec, le sanskrit, l'irlandais, etc., c'est que *mr* devienne *mbr*. Tous les *br* initiaux sortant de *mr* s'expliquent en effet très bien dans n'importe quelle langue par *mbr*. Si *himro* est devenu *himbro* on ne s'explique pas du tout (comme l'a fort bien remarqué M. Johansson, KZ, XXX, 443 sqq.) pourquoi l'*m* serait tombé ; cf. *umbra, exemplum*. On ne s'explique pas non plus comment *hĭmri* serait devenu *hĭbri*. Il ne reste qu'une explication possible : *hibernus* < *heimernos* dissimilé. *Tūber* à côté de *tŭmor* n'est pas une objection ; ces deux mots ont des suffixes différents, comme *glŏbus* à côté de *glŏmus* (Per Persson, Wurzel-erweiterung, p. 55). Mais comment se fait-il qu'un *m* dénasalisé devienne *f* à l'initiale : *formica, formīdō*. Cette difficulté a suggéré à M. A. Meillet l'observation suivante : « On sait que les pho-
« nèmes connus sous le nom, sans doute très impropre, de sonores
« aspirées indo-européennes, sont devenus en italique *f* (bilabial),
« *þ, χ* ; l'intermédiaire pour aboutir à *f, þ, χ* a été presque
« nécessairement *β, ð, γ* (*b, d, g* continus) ; au moment où
« la langue possède le *b* continu, la dissimilation de *mormi-*
« en *βormi-* avec la spirante bilabiale *β* est parfaitement régulière
« [cf. supra 5°], et ce *β* devient ensuite *f* comme celui de *βerō*
« qui est devenu *ferō*. — Dès lors on peut se demander si *hīber-*
« *nus* ne repose pas sur *χeiβernos* (avec *b* continu) ; ce *β* aurait
« passé à *f*, puis serait redevenu *b* continu et enfin *b* momentané,
« comme celui de *lubet*. — Par là est rendue probable l'exis-
« tence de *b* continu comme représentant italique de i.-e. *bh*,
« et par suite l'indépendance de l'assourdissement italique en *f*
« et de l'assourdissement hellénique en *φ*. »

7° *m-b, m-p, m-v* > *n-b, n-p, n-v* :

La labiale appuyée, *b, p, v,* fait perdre à l'*m* intervocalique l'élément labial ; il reste une nasale continue non labiale, c'est-à-dire *n* : Sopras. *nember*, esp. *nispero, niembro, nembrar*, fr. *nappe, nèfle*, pol. *niedz'wiedz'*, čèq. *nedvěd*, bas sor. *nalpa*.

Nous n'avons pas rencontré ce traitement en dehors des langues romanes et des langues slaves.

8° *t-d* > *t-r*.

le *t* appuyé fait perdre au *d* intervocalique la momentanéité, qui est remplacée immédiatement par la continuité, d'où *r* : esp., port. *mentira*.

9° *d-t* > *l-t*.

Même phénomène que 8° ; le résultat est *l* au lieu de *r* ; tous deux sont approximatifs : att. 'Ολυττεύς.

LOI IX

COMBINÉE APPUYÉE DISSIMILE COMBINÉE NON APPUYÉE

Langues romanes

Espagnol — *fiambre* de *frio* (Meyer-Lübke, Gr. rom., I, 518).
Provençal — *ganre* « beaucoup » = *granre* (communiqué par M. A. Thomas).
Français — est et ouest *penre* « prendre » (Meyer-Lübke, Gr. rom., I, 518).
Dampr. *pęr* « prendre ».

Commentaire IX

r-r > *0-r* ou *r-0*. cf. *Commentaire I*, même formule. Le mot *penre* est fort curieux à côté de *prends, prenons, prenez* ou *prentes*, etc. ; il montre que la dissimilation peut être quelquefois plus puissante que l'analogie morphologique ; néanmoins dans le fr. *prendre,* c'est cette dernière qui l'a emporté.

LOI X

APPUYÉE NON COMBINÉE DISSIMILE APPUYÉE COMBINÉE

Langues indo-européennes

Grec — ἔκπαγλος « étonnant, terrible » de *ἐκπλαγλος. Le mot est homérique ; il présente donc une coupe de syllabes entre le γ et le λ. Et les deux consonnes πλ forment un groupe combiné. Il n'y a en effet que deux cas où Homère connaisse les groupes combinés : 1º lorsque le mot ne pourrait pas entrer dans le vers si son groupe était disjoint, ἀδροτῆτα, δράκων, προσαυδάω, etc. ; 2º lorsque le groupe occl. + liq. est précédé de la coupe des syllabes : c'est le cas de *ἐκπλαγλος.

COMMENTAIRE X

l-l > *0-l* ou *l-0,* cf. *Commentaire II,* formule *r-r* > *0-r* ou *r-0.* L'explication est la même.

Ces deux dernières lois (IX et X) ne sont en somme que d'autres formes de la précédente. Elles sont très peu représentées parce qu'elles exigent des conditions assez rares. Quand ces conditions sont réunies, c'est généralement dans un mot composé dont les deux termes sont très clairs, comme hom. ἀνδράγρια.

LOI XI

DE DEUX CONSONNES SÉPARÉES PAR LA COUPE DES SYLLABES, L'EXPLOSIVE DISSIMILE L'IMPLOSIVE

1° LANGUES ROMANES

Italien. — *urlare* = *ululare* (Meyer-Lübke, ital. gr., p. 162).

It. *zirlare* à côté de *zinzilulare* (Caix, Studj di ét. it. e rom., p. 187).

It. *alma* = *anima* (Ascoli, Arch. glott., it., I, 65).

Sopras. *olma* = *anima* (Ascoli, ibid).

Sic. *arma* = *anima, armali* = *animali*. Dans ces deux exemples l'*r* peut représenter un *l*, car en sicilien *l* devant labiale devient *r*; cf. Schneegans, Laute und Lautentw. d. sic. dial., p. 124.

V. gén. *mérme, mermanza* = *minim-* (Flechia, Arch. glott. it., X, 152).

Milan. *armella* diminutif de *anima* (Flechia, Arch. glott. it., II, 376).

Rhétor. *armal* « bœuf ».

Espagnol — *alma* = *anima*.

Andal. *cormigo* = *conmigo, ermienda* (Meyer-Lübke, Gr. rom., 1, p. 438).

Esp. *mermar, 'merma* de *minim-*.

Portugais. — *alma* = *anima*.

Port. *almalho* « jeune bœuf ».

Provençal — *arma* = *anima* (Diez, Gramm., 1, p. 217).

Prov. *mermar, mermaria* de *minim-*.

Français — *hurler* = *ululare*.

V. fr. *arme* = *anima* (Diez, Gr., 1, 217).

V. fr. *aumaille* = *animalia* (Diez, Et. Wœrt., 513).

V. fr. *merme* = *minimu* (Diez, Gr., I, 217).

Dauphin. *arme* = *anima*, *armaille* = *animalia*, *amerman* = **adminimante* (A. Devaux, *Essai sur la langue vulg. du Dauphiné*, p. 346). Cet *r* peut représenter *l*, car dans le Dauphiné *l* implosif devant labiale devient *r*, quelquefois se vocalise (Id. ibid. p. 337-338).

Bourberain *kévnaw* « communaux », *senwé* « cheminée » sorti de **sevné* (Rabiet, Revue des patois gallo-romans, III, p. 47).

Dampr. *č* et *ǧ* > *š* et *ž* devant toute dentale (Voir pour les détails de la question notre étude sur le patois de la Franche-Montagne, MSL, VII, 471 sq.). Cette dissimilation se produit même si la rencontre n'a lieu que syntactiquement : *mèšlò* « petit marteau », *rèšlā* « racheter » *mwòš té čẹdal* « mouche-toi », *pèžnā* « pardonner » *žnèl* « poule », *žnīvr* « genièvre » *žnųj* « genou » *cwòžlò* « petit cordeau », *òždœ* « aujourd'hui », *pwò l èmwòž dū* « pour l'amour de Dieu », *ǫ vwaci ž du* « en voilà déjà deux ».

Gasc. *daune* = *domna* (Meyer-Lübke, Gr. rom., I, § 486).

Roumain — *amn* devient *aun* : *daun* = *damnu*, *scaun* = *scamnu* ; mais *omn* reste intact : *somn* = *somnu* (Meyer-Lübke, Gr. rom., I, § 486).

2° LANGUES INDO-EUROPÉENNES

Baltico-slave — V. sl. *krŭčĭbĭnĭkŭ* « caupo » de *krŭčĭma* « ivre » (Miklosich, Vergl. gr. d. sl. spr., 1re éd., I, p. 196). Le *ĭ* dans cette position ne se prononçait déjà plus au xe siècle.

Slov. *mn* > *vn* : *s plavnom goréti, lakovnik, vnogo, vnožina* (Miklosich, Vergl. gr. d. sl. spr., 1879, p. 348). Déjà au xvie siècle on trouve *vnoge* p. **mnoge* (Jagic', Arch. f. sl. phil., IV, p. 487).

Slov. *gubno* à côté de *gumno*, v. sl. *gumĭno* (Miklosich, Et. Wœrt., p. 81).

Slov. *spobnati se* de *spomniti se* (Miklosich, Vergl. gr. d. sl. spr., 1879, p. 348).

Bulg. *slovnu, levna măgla* (Miklosich, Vergl. gr. d. sl. spr., 1879, p. 380). Il faut noter qu'en bulgare *vn* devient quelquefois *mn* : *mnuk* de *vnuk, ramni dvorove, sămni* « il fait jour » (Id. ibid.).

Serb. *gúvno* à côté de *gumno* (Miklosich, Et. Wœrt., p. 81).

Serb. *duvno* de *dumno, obruvnica* de *obrumnica, tuvnik, golijevno* de *golijemno* (Miklosich, Vergl. gr. d. sl. spr., 1879, p. 415).

Russ. dial. *guvno* = russ. *gumno*.

čeq. *pisebne* de *'pisemne, upr'ibny'* de *uprimny'* qui existe dialectalement, dial. *darebny'* de *daremny'* (Miklosich, Vergl. gr. d. sl. spr., 1879, p. 508).

Lemken (Galicie) *grivnica*, pol. *gromnica* « cierge » (Werchratskij, Arch. f. sl. phil., XV, p. 67).

Lemk. *kurnata* de *kumnata* (Id. ibid.).

Serb. -*čit-* > -*št-* : *zamaštati* « incantare » cf. *mučila, poštenje* « honor » = -*čit-, što* = *čito* (Miklosich, Vergl. gr. d. sl. spr., 1879, p. 421).

Slov. -*čt-* provenant de -*čit-*, devient -*št-* : *štirje* : *četyrije, štrti* : *četvrătyj, ništer* : *ničitože* « nihil » (Miklosich, Vergl. gr., 1879, p. 358).

Slov. -*čist-* > -*št-* : *vraštvo* : *vračistvo* (Miklosich, Vergl. gr., 1879, p. 358).

V. čeq. *mlajši* de *mlazši, sejčen* de *sezčen, pojčiti* de *pózčiti, zejspánie* de *'zez(e)spanie* (Gebauer, Arch. f. sl. phil , IV, p. 558).

V. čeq. *zajčen* de *'zazčen, slajši* de *'slazši, bojsky'* de *'bozsky', matijce* de *'matičce*, pol. *wiejski* de *wies'ski*, génit. *ojca* de *'occa, ojczyzna* de *'oc'czyzna, plajca* de *'plac'ca, zdrajca* de *'zdradz'ca, wyjrzéc'* de *'wyz'rzéc', dojrzaly* de *'doz'rzaly*, haut sorab. *bojski, ku'ejski*, serbo-croat. *nojca* de *noc'ca*, Protivin *dojžáru* de *'do žgáru* par l'intermédiaire de *'dožžaru, zejžáru* de *'ze žgáru* par l'intermédiaire de *'zežžaru, vejžár'e* de *'ve žg-, pr'ejzimu* de *'prez-zimu, bejsebe* de *bez-sebe* (Gebauer, Arch. f. sl. phil., III, p. 77).

čèq. (dial. de Pilsen) *šnodlik* de *šnorlik*, *khédl* de l'all. *kerl*, *vadle* de *varle* (Prusik, Arch. f. sl. phil., II, p. 705).

Lemken (Galicie) *vidnička* de *vinnička* « groseille »,de *vinnyj* « amer », — *nizil'nyj palec* de **nizinnyj* de **mizinnyj* « le petit doigt », v. sl. *mězinŭ* « minor », — *syl'nik* de **synnik* « paillasse », de *sěninŭ* + *ikŭ*, — *godil'nik* de **godinnik* « montre », de *godininŭ* + *ikŭ*, — *veretiurnica* de **veretiunnica* « orvet » (Werchratskij, Arch. f. sl. phil., XV, p. 62).

Germanique — Après voyelle brève portant l'accent germanique *j* et *w* intervocaliques se redoublent (Streitberg, PBB, XIV, 179 sqq ; voir la bibliographie dans Noreen, Abriss d. urgerm. lautl., p. 160) et deviennent *jj*, *ww*. Ce *jj* devient en vieux norrois *ggj*, en gotique *ddj*, en germanique occidental *ij* ; et *ww* devient en v. norr. et en got. *ggw*, en germ. occ. *uw* : gén. got. *twaddjē* « deux », v. isl. *tueggia*, vha. *zweijo*, cf. sk. *dváyōs*, — got. *daddjan* « sucer », v. suéd. *dœggia*, cf. sk. *dháyāmi*, — v. isl. *hoggua* « frapper à coups de hache », vha. *houwan*, ags. *héawan*, cf. lat. *cŭdō* « je frappe », v. sl. *kovǫ* « je forge », — got. *triggws* « fidèle », v. isl. acc. *triggwan*, vha. *treuwa*, *triuwa* « fidélité », — got. *glaggwus* « clair », v. isl. *gloggr*, vha. *glouwēr*, — got. *skuggwa* « miroir », v. isl. *skuggsiá* « id. », vha. *scūwo* « ombre ».

Germ. *mn* > *bn* avec *b* continu (*b* barré). Quelquefois *mn* > *mm* par assimilation ; les conditions de ce double traitement ne sont pas encore connues, cf. Noreen, Abriss d. urg. lautl., p. 140, 2 et p. 157,5. Voici quelques exemples du premier traitement, le seul dont nous ayons à nous occuper ici : v. isl. dat. sg. *hifne* « ciel », ags. *heofon*, v. sax. *heban* (avec *f*, *b* barré généralisé d'après les cas où il y avait primitivement contact de l'*m* avec l'*n*), — ags. *stefn* « voix », v. fr. *stifne*, got. *stibna*, — v. isl. *nafn* « nom », v. suéd., run. *nabn*.

V. norr. *erlendis* « étranger » de **ellendis*, vha. *elilenti* (Bechtel, Ass. und diss., p. 44).

V. isl. *ll* > *ddl*, *nn* > *ddn* (n. isl. *dtl*, *dtn*) : *faddla* « fallen »,
hoddn « horn » (Noreen, Paul's Grr., I, p. 471). Pour le n. isl.
cf. P. Passy, Etude sur les changements phonétiques, p. 200).

Le changement de germ. *hs* en *ks* dans les dialectes germaniques où il se produit est dû à une dissimilation : *ochs* (*oks*),
fuchs (*fuks*), *sechs* (*seks*) à côté de *recht* dont le *ch* reste spirant.

Grec — Hés. κάμβαλε· κατέβαλεν, — Hés. καμβολίαι· κακολογίαι,
λοιδορίαι, — Hés. καμβατηθείς· καταπονηθείς (Les Delphiens disaient
βατεῖν pour πατεῖν, d'après Plutarque). — Hom. E, 343, M, 206,
Ζ, 172, ρ, 302, etc. κάμβαλεν, παρακάμβαλον, etc. (Angermann, Die
Erscheinung der dissimilation im Griechischen, Leipzig, 1873, p.
11. — Voir sur cette question W. Schulze, KZ, XXXIII, p 366sqq).

Latin — *Carmen, germen.* On a donné de ces deux mots différentes explications ; M. Ceci revient dans ses Appunti glottolo-
gici, p. 14 à **casmen* qui est phonétiquément impossible comme
l'a montré M. Meyer-Lübke dans le compte-rendu des Appunti
qu'il a publié dans les *Ind. forsch.* M. L. Havet avait repris
(MSL, VI, 31) les anciennes étymologies **canmen*, **genmen*. Elles
s'expliquent en effet très bien par cette loi de dissimilation. On ne
saurait objecter sérieusement *gemma* dont l'étymologie est inconnue ; car s'il est certain que *germen* signifie uniquement « bour-
geon, rejeton, jeune pousse », ce qui s'explique fort bien avec une
étymologie **gen-men*, *gemma* signifie aussi et surtout « pierre
précieuse, perle » et ce pourrait bien être son sens primitif.

Gallois — *Coloun* de *columna* (Loth. Annales de Bretagne,
VII, 108).

COMMENTAIRE XI

$$1^{\circ}\ ll > \begin{cases} rl \\ ddl \end{cases}$$

Pour le premier traitement cf. *Commentaire I*, formule *l-l* >
r-l (ou *l-r*). Ce traitement est très peu représenté parce qu'il ne

se produit pas sur *ll* primitif ; il faut que les deux *l* aient été séparés par une voyelle : it. *urlare,* fr. *hurler* de *ul(u)lare ;* mais *nullu* devient it. *nullo,* fr. *nul.* C'est au moment où la voyelle tombe que le phénomène se produit, en sorte qu'on pourrait à la rigueur le classer dans la loi XVII. V. norr. *erlendis* se trouve dans les mêmes conditions.

Le second traitement *ll* > *ddl* est limité à quelques dialectes norrois. Celui-ci s'attàque à n'importe quel *ll* : v. isl. *faddla.* Le second *l* fait perdre au premier la continuité, d'où *d.* La graphie *faddla* indique une coupe des syllabes *fad-dla ;* le second *d* n'est autre chose que l'explosion du *d* implosif retombant sur l'*l*, comme le δ de ἀνδρός est l'explosion du *ν* retombant sur le ρ ; (sur l'élément explosif des implosives, cf. A. Meillet, MSL, VIII, p. 303-304, — sur le δ de ἀνδρός cf. V. Henry, Rev. crit., XXXVI, 332). Ce qui indique nettement que notre interprétation est exacte, c'est la graphie moderne *dll.*

$$2^\circ \; nn > \begin{cases} ddn \\ dn \\ ln \\ rn \end{cases}$$

Le premier traitement s'explique comme le dernier que nous venons d'étudier : l'*n* explosif fait perdre la continuité à l'*n* implosif ; il doit rester une dentale sonore occlusive et nasale ; la langue ne possédant pas de dentale occlusive et nasale, la nasalité tombe du même coup, d'où *d* : v. isl. *hoddn.*

Le second traitement ne diffère du premier que par la graphie : Lemk. *vidničky.*

Dans le troisième et le quatrième traitements c'est la nasalité que perd l'*n* implosif ; on peut donc attendre comme résultat soit *l*, soit *r*. Lemken nous montre ces deux produits : *syl'nik, veretiurnica.*

3° *rl* $>$ *dl* : Pils. *šnodlik*.

L'*l* fait perdre à l'*r* la continuité, d'où *d*. Ce traitement est important, parce qu'un *l* ne peut quelque chose sur un *r* (et vice versa) que s'il est en contact immédiat avec lui ou n'en est séparé que par une occlusive.

$$4° \; nm > \begin{cases} lm \\ rm \end{cases}$$

Le premier produit est le plus normal et souvent le second peut être considéré comme sortant du premier, cf. *Commentaire I,* traitement de *n-m*. Néanmoins la simple dissimilation peut aussi produire le second directement ; c'est surtout affaire de dates et de dialectes. Ces deux traitements sont largement représentés dans les langues romanes : it. *alma*, Sopras. *olma*, esp. *alma*, v. fr. *aumaille*, sic. *arma*, v. gén. *merme*, andal. *cormigo*, esp. *mermar*, prov. *arma*, v. fr. *arme*, dauphin. *arme*. Dans les langues indo-européennes nous n'avons rencontré que lat. *carmen* et *germen;* encore notre interprétation de ces deux mots n'est-elle pas très sûre.

$$5° \; nm > \begin{cases} vn \\ bn \end{cases}$$

Cf. *Commentaire VII,* traitements de *m-m* et de *m-n*. L'*n* est une dentale, l'*m* une labiale ; ces deux phonèmes ont un élément commun, la nasalité. Ils en ont d'autres, la continuité, la sonorité, qui leur sont également communs ; mais il n'y a pas chance que ces éléments agissent l'un sur l'autre et nous n'avons dès lors pas à les considérer. L'*n* fait perdre à l'*m* la nasalité : il reste un phonème bilabial continu, c'est-à-dire *v* bilabial ou ce qui revient au même *b* continu. Les langues qui ne possèdent pas le *v* bilabial le remplacent par *v* labiodental ou par *b* momentané.

Ce traitement est largement représenté en slave et en germanique. Le germanique qui possédait le *v* bilabial présente le traitement attendu théoriquement : v. isl. *hifne*, ags. *stefn*, got. *stibna*, v. suéd. *nabn*. Les langues slaves ont remplacé le *v* bilabial par *v* ou par *b* ; slov. *vnogo, gubno*, bulg. *stovnu*, serb. *guvno*, russ. dial. *guvno*, čèq. *pisebne*, Lemk. *grivnica*.

De même qu'en germanique il y a un autre traitement de *mn*, à savoir *mm*, il y a en slave un traitement *ml*. Ce traitement apparaît dans les mêmes dialectes que le précédent, mais postérieurement ; ainsi en slovène *vn* est connu depuis le xvi⁰ siècle et nous avons un exemple de *bn* en vieux slave; *ml* ne se montre que plus tard. Ce second traitement n'est pas dû à une dissimilation, car une consonne appuyée ne peut pas être dissimilée par celle qui lui sert d'appui. Il repose sur un changement dans la coupe des syllabes ; à l'initiale c'est le traitement après consonne : croat. *mle*, *mlae*, cf. v. sl. *mene, mĭnĕ*, — croat. *mlaeŭ, mlaela* de *mĭnĕlŭ*, *mĭnĕla*, — croat. *mletci* de *benetci, bnetci, mnetci* (Miklosich, Vergl. gr. d. sl. spr., 1879, p. 348), — bas sorab. *mlogi* de *mnogi* (Miklosich, ibid., 1ʳᵉ éd., I, p. 508), — bulg. *mlogo* « beaucoup » de *mnogo* (Miklosich, ibid., 1ʳᵉ éd., I, p. 288), — serb. *mlogo*, *mletak, mlim* à côté de *mnogo, mnetak* de *bnetak, mnim* (Miklosich, ibid., 1ʳᵉ éd., I, p. 325-326), — serb. *mlĕahu* « putabant », *mliti* (Mikl. ibid., 1879, p. 415). A l'intérieur, c'est de même le traitement après la coupe des syllabes, en groupe combiné : slov. *gümlo, sumljiti se* (Mikl. ibid., 1879, p. 348), — serb. *cŭmla* de *cŭmna* (Mikl. ibid., 1ʳᵉ éd., I, 326), — serb. *pomlja, sumlja, sumliv* (Mikl. ibid., 1879, p. 415). Quant à russ. *blin* « beignet », lit. *blynai*, slov. *mlinci*, ils ne présentent aucune dissimilation : le *b* est le développement naturel qui apparaît entre *m* et *l* et l'*m* tombe à l'initiale, comme dans *bladoj, bolodoj* de *mladoj, molodoj*, comme dans gr. βροτός.

Dans les autres langues indo-européennes et dans les langues romanes ce traitement est assez rare : roum. *daun*, gasc. *daune*, Bourberain *kèvnaw*. Il est facile de comprendre en effet que *mn* ne puisse pas devenir *bn* dans une langue comme le latin par

exemple où *bn* devient *mn* : *scamnum* = *scabnum*. En gascon
et en roumain le *v* bilabial a été remplacé par *w* qui s'est vocalisé ;
à Bourberain il a été remplacé par *v* labiodental, qui n'est pas
vocalisable.

$$6^o \; jj > \begin{cases} ddj : \text{got. } twaddj\breve{e} \\ ggj : \text{v. isl. } tueggiu \end{cases}$$

On sait que lorsqu'une occlusive est intervocalique comme le *p*
dans *apa* la coupe des syllabes n'est pas à proprement parler devant le *p*, mais *dans* le *p* : « bei Verschlusslauten fællt die Dru-
ckgrenze in die Zeit zwischen Verschluss und Explosion » (Sievers,
Phonetik, 1893, p. 194). Le *p* est essentiellement explosif, mais
ses premiers éléments constitués par l'occlusion et précédant l'explosion sont implosifs. La notation exacte de *apa* serait donc *aᵖpa*.
Il en est de même lorsque la consonne est une continue : le point
où le canal buccal est le plus resserré correspond à l'occlusion ;
aja est en réalité *aʲ ja*.

C'est ce qui nous explique les produits de *j* intervocalique con-
sidérés ici. Sous l'influence de l'accent l'élément implosif du *j*
explosif devient une implosive complète, d'où *jj*. Le *j* implosif
devient i en ∖ha, ce qui est le traitement le plus commun, cf. prov.
paire « père » sorti de *patre* par l'intermédiaire de *pajre* (pour
le passage de *patre* à *pajre*, cf. Nyrop, Zeitschrift f. rom. phil.,
III, p. 476). Ce traitement n'est pas nécessaire ; il peut se faire que
le *j* implosif reste une spirante, comme dans le fr. *le soleil se*
lève (sòlèj se), *èj* n'est pas moins une diphtongue que *ei*, mais
c'est une diphtongue dont le second élément est une consonne
comme la diphtongue ατ de l'homérique πατρός. Ce second traitement est celui du gotique et du vieux norrois pour une époque
préhistorique ; le groupe *jj* n'a pas subsisté dans ces langues : le
j explosif a fait perdre par dissimilation au *j* implosif l'élément
continu ; il est resté une occlusive sonore se prononçant à la même
place que précédemment le *j*, à savoir en norrois un *g* palatal, et

en gotique un *d* parce que sans doute dans cette dernière langue le *j* s'était prononcé plus près des alvéoles qu'en norrois. Les graphies *ggj, ddj* sont fort curieuses : elles nous indiquent la coupe des syllabes après le premier *g, d,* et le second *g, d* n'est que l'élément explosif de l'implosive, retombant sur la syllabe suivante ; cf. supra les graphies *ddl, ddn* du vieil islandais.

7° *ww* > *ggw* : got. *triggws*, v. isl. *triggwan.*

Même commentaire que pour *jj* devenant *ggj*, seulement *g* sortant de *w* est forcément vélaire et non palatal.

8° *χs* > *ks* : all. *sehs.*

La spirante *s* fait perdre l'élément spirant au *χ* qui la précède, d'où *k*.

9° *ββ* > *μβ* : hom. *κάμβνιεν* < *κάββαλε* < *'καββαλε* < *'κατβαλε.*

Angermann pense qu'il y a là une dissimilation. Le phénomène est plus complexe : une fois la phase *β β* obtenue par assimilation, le *β* explosif fait perdre par dissimilation au *β* implosif l'occlusivité ; il devient alors *b* barré. Cette phase intermédiaire est dépourvue de durée ; il survient aussitôt le même phénomène de préparation qui a produit *φίντατος* (voir à la table) : l'occlusion labiale nécessaire pour la prononciation du *β* explosif se produit dès le moment où le *b* continu va être prononcé : ce dernier n'a plus qu'une ressource pour rester continu, c'est de sortir par le nez, d'où *μβ*.

10° *č* et *g* > *š* et *ž* devant dentale à Damprichard : *méšlô, péžnà.*

Le *č* et le *g* sont des phonèmes combinés composés d'un élément dental et d'un élément chuintant. La dentale qui les suit fait tomber l'élément dental.

En serbe et en slovène *č* > *š* devant *t* : serb. *što,* slov. *štirje.* Le phénomène est le même.

11° *zs* > *js*, *zš* > *jš* : v. boh. *zejspánie, mlajši*.

Nous avons montré dans les *Mémoires de la Société de Linguistique* (VIII, p. 331, 337, 347) que le *z* comprend un élément palatal en même temps qu'un élément dental. Suivi d'une dentale ou d'une dento-palatale il perd son élément dental : il reste un phonème palatal continu, c'est-à-dire *j*.

zž > *jž* : v. boh. *sejžeu*. — *žč* > *jč* : v. boh. *pójčiti*, — *žs* > *js* : v. boh. *bojský*, — *čc* > *jc* : v. boh. *matijce*, — *c'c* > *jc* : pol. *ojca*, — *s's* > *js* : pol. *miejski*, etc., s'expliquent d'une manière analogue.

LOI XII

DE DEUX CONSONNES SÉPARÉES PAR UNE OCCLUSIVE L'EXPLOSIVE DISSIMILE L'IMPLOSIVE

Cette loi n'est qu'une autre forme de la précédente, mais il est bon de les distinguer pour la clarté de l'exposition.

1° LANGUES ROMANES

Latin vulgaire — *veltragus* = gaul. *vertragos*. On a la forme *veltraus* au VIᵉ siècle dans *Legis Burgundionum additamentum primum*, c. 10, la forme *veltris* dans la *Loi salique* dont la rédaction est attribuée à Charlemagne, *Lex emendata*, c. 6, § 2, la forme *veltrus* dans la *Loi des Alamans*, t. 82, art. 4 (H. d'Arbois de Jubainville, *Les noms gaulois chez César et Hirtius*, p. 161 sqq.) : ital. *veltro*, fr. *viautre*.

Italien — V. mil., v. gén., v. vén. *meltris* (Meyer-Lübke, ital. gr., p. 162).

Alghero (Sardaigne) *abra* « arbre », *mobra* « marbre », *dimecras* « mercredi » (Guarnerio, Arch. glott. ital., IX, p. 341).

Espagnol — Beltran « Bertrand » (cité par Diez, Gramm., tr. fr., 1, p. 289).

Esp. *medrar* = *meliorare*. *Melrar* est devenu '*meldrar*, puis, l'*l* étant dissimilé par l'*r*, *medrar*.

Esp. *cacho* (*calculum* , *macho* ('*marculum*) « mâle », *macho* (*marculum*) « marteau », *sacho* (sarculum) sont cités avec raison par M. Baist (Grœber's Grr., 1, p. 706) pour avoir perdu *l*, *r* par dissimilation. *Cicercha* (*cicerculam*, dont il parle au même endroit a repris ou gardé son *r* d'après *cicerico*, *cicercala*, etc.

Catalan — dimecres « mercredi ».

Provençal — albre « arbre ».

Prov. *esrabre*, *erabre* « érable ».

Français — V. fr. *aubre* (Amis, 572) = *albre* = *arbre* (Meyer-Lübke, Gr. rom., 1, 512).

V. fr. *maubre* = *malbre* = *marbre*.

Tarn *daltre* (Meyer-Lübke, Gr. rom., 1, p. 512).

Ariège *malbre* (Meyer-Lübke, id. ibid.).

Dampr. *malbr* « marbre » mot savant, inconnu des paysans et employé uniquement par les enfants pour désigner certaines billes blanches.

V. fr. *abre*, *mabre*, *mecredi* étaient formes correctes aux XVIe et XVIIe siècles.

Fr. *la Bèbre*, affluent de la Loire, s'appelait autrefois *Berbera* (H. d'Arbois de Jubainville, *Recherches sur l'origine de la propriété foncière*, p. 258).

Fr. *érable* = '*acer-arbore* qui devait donner tout d'abord '*érarbre*, puis par la dissimilation considérée ici '*érabre*. Comment '*érabre* est-il devenu *érable*? M. Fass (Rom. forsch., III, 492) pense qu'il y a eu influence du suffixe *-able*. Cette explication est tout à fait admissible; mais on peut songer à une autre : *érable* sort régulièrement de '*érabre* par dissimilation (loi XVI).

Dampr. *ezrèl* « érable » a subi les mêmes transformations que fr. *érable*. Sa finale *-able* est très ancienne puisqu'elle a été traitée de la même manière que celle de *tabla* > *tòl* « table ».

Dampr. *mŭdr* « mordre », *pădr* « perdre », *ābr* « arbre », *tātr* « tarte », *ūdr* « ordre », *mécǧi* « mercredi » == *mécèrdı* == *mécrèdi* == *mèrcrèdi*.

Lyonnais : *dimecro, sotre* (sortir), *padre, modre* ; mais 1ʳᵉ pers. *sorto, mordo*, etc.

Pral. (vaudois de Piémont) *dimēkre* « mercredi » (Morosi, Arch. glott. it., XI, p. 346).

Dauphin. *ābro, mūbro, mŏdre, chŏtre* « sortir » *pèdre, pedrī, Abrets* == **Arborillum* (A. Devaux, Essai sur la langue vulgaire du Dauphiné, p 333).

Bourberain *ābr* « arbre » ; *r* qui tombe devant *br*, persiste devant *b* : *ūrb* « herbe » (Rabiet, Rev. d. pat. gallorom., III, 44).

Fr. *able* « petit poisson » (Meyer-Lübke, Gr. rom., I, 518) == *albulu* (Hatzfeld, Darmesteter et Thomas, Dict. gén. de la langue fr.).

Fr. dial. *chail* « caillou » == *calculu* (Hatzfeld, D. et Th., Dict. gén.).

Dampr. *sas* « cercle », *cvr̄s* « couvercle ».

2⁰ LANGUES INDO-EUROPÉENNES

Baltico-slave — Lit. *bembrolas* « soupe à la bière » == bas all. *beerbrot* ou *beeronbrot* « bier und brot ».

Russ. *verbljud* « chameau » == v. sl. *veliblądŭ* (Bechtel, p. 28).

Grec — βέθρον « gouffre » == **βερθρον* == βέρεθρον (Prellwitz, Et. Wœrt.).

Gr. δέτρον de δέρτρον « épiploon » (Hérodien, II, 491). La forme δέρτρον aurait pu garder son ρ sous l'influence de δέρμα, etc. Mais cette dissimilation ne paraît pas avoir été connue de tous les dialectes grecs, cf. ὄρθρον; τέρθρον, et nous ne savons pas au juste auxquels appartiennent les deux mots βέθρον et δέτρον.

3⁰ INDO-EUROPÉEN *ksk, psp*.

En indo-européen *ksk* > *sk* et *psp* > *sp*. Nous plaçons ce phé-

nomène ici bien que ce ne soit pas sa vraie place, puisque l'i. e.
coupait *ks k* ; nous ne voulons pas faire une classe uniquement pour
lui. Sk. *pṛchāmi*, lat. *poscō* = **pṛscō* = **pṛcscō* — gr. διδάσκω =
**διδαχσκω*, lat. *discō* = **di(d)cscō*, — gr. ἴσχω = **Fιχσκω*, — lat ses-
centī = **secscenti*, — lat. *misceō* = **micsceō*, — béot. ἑσχηδέκατος =
**ἑξχηδεκατος*, — gr. λάσκω = **λαχσκω*, — gr. εἴσκω = **FεFιχσκω*, — gr.
τιτύσκομαι = **τιτυχσκομαι* (Brugmann, Grr. II, 1038), — δίσκος =
**δικσκος*, cf. δικεῖν « jeter », — gr. βλασφημεῖν = **βλαπσφημειν* (J. Wac-
kernagel, KZ, XXXIII, p. 41), — lat. *asportō* = **apsportō*, *as-
pellō* = **apspellō* (J. Wackernagel, KZ, XXXIII, p. 41). Comme
ce phénomène se présente à la fois en sanskrit, en grec et en latin, il
y a tout lieu de croire qu'il remonte à l'indo-européen, ce qui ne
veut pas dire que les exemples que nous avons cités et ceux qu'on
pourrait y ajouter remontent tous à l'indo-européen : la loi indo-
européenne a pu persister dans certaines langues longtemps après
leur séparation. On attend le même phénomène pour *tst*, mais ici
il est difficilement vérifiable.

C'est bien un phénomène de dissimilation, car si les deux occlusives séparées par *s* ne sont pas la même occlusive, le traitement
est différent : gr. λύχνος, cf. i. e. **loucsnā*. et, comme le fait très
justement remarquer M. J. Wackernagel (Zur lehre vom griechischen akzent, p. 18) lat. *ostendō* = non pas **obstendō*, mais
ōs + *tendō* « mettre devant la bouche », car **obstendō* serait resté
intact, cf. *obstō, obstinātus, abstineō*, et d'autre part *ob* ne devient
jamais *obs.*

COMMENTAIRE XII

$$1^{\circ}\ r\text{-}r > \begin{cases} l\text{-}r \\ n\text{-}r \\ 0\text{-}r \end{cases}$$

Pour le premier traitement cf. *Commentaire I*, formule *r-r >
l-r* ou *r-l*.

Pour le second, cf. *Commentaire I*, formule *r-r > n-r* ou *r-n*.

Pour le troisième, cf. *Commentaire 1*, formule $r\text{-}r > 0\text{-}r$ ou $r\text{-}0$.

En latin vulgaire nous ne connaissons de représentant que pour le premier : *veltragus*. Il en est de même en espagnol : *Beltran*.

L'italien, le provençal et le français présentent le premier et le troisième ; cela tient à des différences dialectales et chronologiques : dialectes italiens du nord *meltrix* ; Alghero *abra*. Provençal *albre* ; prov. *esrabre*. V. français dialectal *aubre*, Tarn *daltre*, Ariège *malbre*, Dampr. *malbr* (mot savant) ; v. fr. *abre*, Dampr. *ābr*, Lyon. *dimecro*, Pral. *dimēkrɛ*, Dauphin. *ābro*, Bourber. *ābr*.

Les formes du français moderne *arbre*, *marbre*, *dartre*, *pourpre*, *mercredi*, etc., sont savantes ou refaites. *Mordre*, *perdre*, etc. sont analogiques d'après *mordons*, *perdons*, etc.

Le grec possède au moins dans certains dialectes le troisième traitement : δέτρον.

Le second est largement représenté dans diverses langues par les mots à redoublement ; nous le verrons dans la troisième partie. Dans les mots ordinaires il est beaucoup plus rare, parce qu'il y a peu de mots ordinaires qui présentent les conditions nécessaires à sa production. Dans lit. *bembrotas* l'*m* est en somme un *n* qui est devenu *m* grâce à sa position devant *b*.

$$2° \quad l\text{-}l > \begin{cases} r\text{-}l \\ 0\text{-}l \end{cases}$$

Pour le premier traitement, cf. *Commentaire I*, formule $l\text{-}l > r\text{-}l$ ou $l\text{-}r$.

Pour le second, cf. *Commentaire X*, formule $l\text{-}l > 0\text{-}l$ ou $l\text{-}0$.

Nous avons des représentants du premier traitement en russe : *verbliud*, et des représentants du second en français : *able* et en espagnol : *cacho*.

$3° \quad r\text{-}l > 0\text{-}l$: esp. *sacho*, Dampr. *saš*, *cvéš*.

L'*l* et l'*r* n'étant pas des quantités rigoureusement équivalentes ne peuvent pas normalement être dissimilés totalement l'un par l'autre. Il doit rester quelque chose, mais ce quelque chose n'est plus suffisant pour former un son et finit par disparaître. Il peut se faire qu'il subsiste quelque temps sous forme d'un souffle ou d'une aspiration. Ce souffle s'éteint peu à peu, mais il arrive qu'il exerce avant de disparaître une action sur l'évolution phonétique des phonèmes qui l'entourent. C'est ce que nous avons montré pour le patois de Damprichard dans les *Mémoires de la Société de linguistique*, tome VIII, p. 344-345.

4° *l-r* > *0-r* : esp. *medrar*.

Même explication que pour la formule précédente.

LOI XIII

APPUYÉE DISSIMILE IMPLOSIVE NON TONIQUE

LANGUES INDO-EUROPÉENNES

Germanique — Mha. *reigel* de *reiger* « reiher », *ruodel* de *ruoder* « ruder » (Bechtel, Ass. und diss., p. 36).

Angl. *riddle* « crible » de ags. *hridder* = lat. *cribrum*, v. irl. *criathar*.

COMMENTAIRE XIII

r-r > *l-r* ou *r-l*, cf. *Commentaire I*. En mha. les formes *reiger*, *ruoder* existent aussi et sont même seules représentées en allemand moderne. C'est que ces formes ne tombaient sous le coup de la loi qu'après consonne, et que même dans ce cas la fréquence de la finale -*er* dans les noms d'agents pouvait contrarier son action.

Cette loi, aussi peu représentée dans les mots ordinaires qu'elle l'est largement dans les formes à redoublement (cf. infra, 3ᵉ partie), n'est qu'une variante des deux précédentes; elle montre que si celles-ci sont toujours régressives, ce n'est pas par nature, mais grâce au hasard de la position respective des phonèmes dissimilant et dissimilé.

LOI XIV

IMPLOSIVE DISSIMILE INTERVOCALIQUE

1° LANGUES ROMANES

Latin vulgaire — *armolacia* « raifort ». L'ital. *ramolaccio* (cité comme dissimilation par Caix, Studj di et. it. e rom., p. 186) et l'esp. *remolacha* « betterave » supposent pour le latin vulgaire une forme *armolacia* sortant de gr. ἀρμοραxία, Diosc., 2, 138. V. fr. *ramorache* (Godefroy), traduit de l'italien, n'est pas une autorité suffisante pour permettre d'attribuer à l'italien une forme *ramoraccio*.

Lat. vulg. *porfidu* « porphyre », it., esp. *pórfido*. Les formes des autres langues sont savantes.

Italien — *pillora* « pilule ».

Gén. *bellua* = *bellura* (*r* intervocalique tombe en génois) de *bellula* (Meyer-Lübke, ital. gr., p. 162).

Mil. *narèll* de *labella*, — *nirèll* « libello » (Salvioni, Fonetica del dialetto di Milano, p. 176).

V. sic. *purrali* de *pulvere* (auj. *pruvuli*). L'*r* de la première syllabe est régulier, car en sicilien *l* devient *r* devant labiale, cf. Schneegans, Laute und lautentw. d. sic. dial., p. 124. La dissimilation que nous considérons est postérieure à cette loi.

Sic. *arrulu* de *arbore* (Schneegans, ibid., p. 141).

Ital. *tórtola* « tourterelle ».

Campobasso *Belardine* de *Berardine* (D'Ovidio, Arch. glott. it., IV, p. 164).

Ital. *mercoledi* « mercredi ».

Sic., lomb., *molimento* « avertissement » (D'Ovidio, Graeber's Grr., I, p. 535).

Padou. *legun* = *negun* de *nec-unus* (Ascoli, Arch. glott. it., I, p. 433).

Chiogg. *zelución* « ginocchioni » (Ascoli, ibid.,p. 433).

V. vén. *molimentu* = *monimentu* (Mussafia, Beitr., 81).

Ital. *vembro* « membre » (Caix, Rivista di fil. rom., II, 74, — Meyer-Lübke, ital. gr., p. 163), et d'après *vembro*, *svembrare* « démembrer ».

Piém. *linsola* = *ninsola* de *nucciola* (Meyer-Lübke, ital. gr., p. 163).

Emil. *linza* = *iniziare* (D'Ovidio, Gröber's Grr., I, 535).

Padou. *lombro, lombra* (Ascoli, Arch. glott. it., I, 433, — Meyer-Lübke, it. gr., p. 163).

V. gén. *nomeranza* « célébrité » (ital. *nominanza*), — *noranta* = *nonaginta* (Flechia, Arch. glott. it., X, 152).

V. gén. *morimento* de *monumento* (Flechia, Arch. glott. it., X, 152).

Val-Soana *linpóla*, piém. *lincóla* « noisette » de *nin-* (Nigra, Arch. glott. it., III, p. 37).

Padou. *pilion* « opinione » (Ascoli, Arch. glott. it., I, 433).

Sopraselva *dumbrar* « numerare », *diember* « numerum » (Ascoli, Arch. glott. it., I, 65).

Lad. *dumbrar* « numerare ».

Roumanche *diember* « numerum ».

Ital. *scheranzia* de *squinanzia* (Caix, Studj di et. it. e rom., p. 187).

Padou. *limbri* de *'nimbri* sorti de *membri* sous l'action de la loi VIII.

Espagnol — *pildora* « pilule ».

Esp. *caramillo* « chalumeau » (Baist, Gröber's Grr., I, p.703).

Esp. *nivel* de *libella*.

Esp. *miércoles* « mercredi »

Esp *tórtola* « tourterelle », *tortolo, tortolico*.

V. esp. *lombre* = *nombre* (Meyer-Lübke, Gr. rom., I, p.512).

Esp. *empelle* de et à côté de *empeñe* (Meyer-Lübke, ibid., I, p. 513).

Andal., astur. *dengun* (Meyer-Lübke, ibid., I, 512).

Portugais — *martidio* de *martirio*.

Port. *nivel* de *libellu*.

Port. *lembra* de *membra* = *memorat*, dit M. Meyer-Lübke, Gr. rom., I, p. 512. Pour être tout à fait exact il aurait dû dire : port. *lembra* de v. port. *nembra* (cf. loi VIII) = *membra* = *memorat*.

Provençal — *caramels* de *calamellu*. L'ital. *ceramella* est sans doute emprunté au provençal ou à un dialecte français.

Prov. *nivels* de *libellu*.

Prov. *degun* (Meyer-Lübke, Gr. rom., I, 512).

Catalan — *dingu* = *ningu* (Romania, IV, p. 289).

Français — *Château-Landon* = *Castellum-Nantonis*.

Fr. *Amelécourt* (Meurthe) de *Amerécourt* (Communiqué par M. A. Thomas).

Fr. *Saint-Blin* (Haute-Marne) = *S. Benignus* (A. Thomas, Annales de la Fac. de Bordeaux, 1886, 314).

Fr. *Sauxillanges* (Puy-de-Dôme) = *Celsinianicas* (A. Thomas, ibid.).

Fr. *sanglant* provient non pas de *sanguilentus* qui n'est qu'un barbarisme, mais de *sanguinante* devenu par dissimilation *sanguilante*, puis par chute de la prétonique *sanglante*. Si la dissimilation est postérieure à la chute de la prétonique, ce que nous ne saurions établir, c'est sous la loi VII que devrait figurer ce mot.

Fr. *Saint-Berain* (Haute-Loire, Saône-et-Loire), *Saint-Broin* (Côte-d'Or, Haute-Saône, Haute-Marne), *Saint-Branchs* (Indre-et-Loire) = *S. Benignus* (A. Thomas, Annales de la Fac. de Bordeaux, 1886, 314).

Fr. popul. *colidor* « corridor ».

Fr. *ensorceler* de *ensorcerer*, *écarteler* « mettre en quartiers ». La finale des nombreux verbes en *-eler* a pu faciliter cette dissimilation

Saint-Hubert (wallon) *bolom* « bonhomme » (Marchot, Rev. des patois, IV, 200).

Saint-Genis *ramèla* « mauvais couteau » = *lamella* (Philipon, Revue des patois, III, p. 43).

V. lyon. *charamela* « chanter » = *calamellare* (Philipon, id. ibid.).

La Hague *cherenchoun* « seneçon, plante » (Eggert, Zeitschr. f. rom. phil., XIII, p. 393). La dissimilation est antérieure à l'époque à laquelle *n* implosif s'est uni à voyelle précédente pour donner voyelle nasale.

Fr. *niveau*.

Dauphin. *charamelle* = *calamellat* (A. Devaux, Essai sur la langue vulg. du Dauphiné, p. 337).

Fr. popul. *porichinelle* « polichinelle ».

Schevelingen. Cette forme est bien connue, citée même dans Baedeker (Belgique et Hollande, p. 305). La forme courante en hollandais est *Scheveningen* et nous n'en avons jamais entendu d'autre à Scheveningen même. Il en résulte que cette dissimilation nous paraît appartenir aux étrangers.

2° LANGUES INDO-EUROPÉENNES

Baltico-slave — Lit. *érkelis* « erker », *iedelis* « ordre », *buīgelis* « bürger, » cités par M. Bechtel (Ass. und diss., p. 28) ne sont pas des exemples de dissimilation absolument purs. Ils se sont adapté le suffixe si fréquent *-elis* à la faveur de l'action dissimilante.

Lit. *bárkszteliu* (Brugmann, Grr., I, p. 225) de *bárkszteriu*. Même observation que pour *érkelis*, à savoir influence du suffixe *-elis* dont le sens diminutif est encore très net dans *bárkszteliu* « je frappe légèrement ». Il s'est introduit sans cause dissimilante dans les exemples tels que *stùkteliu* « je heurte légèrement ».

Lit. *purpulinis* « purpurin » de *purpurinis* (Brugmann, Grr., I, p. 226).

Lett. *Barbule* « Barbara » (Bechtel, Ass. und diss., p. 31).

Lett. *körtelis* « quartier » (Bechtel, ibid.).

Pet. russ. *alär* « orär' ».

Pet. russ. *palamar* « παραμονάριος » (Miklosich, Et. woert., p. 232).

Pet. russ. *lycar'* « chevalier » = *ry'car* = *ritter*.

Polon. *mularz* « maurer », — *folarz, fularz* « führer », — *sularz* « schürer » (Malinowski, Kuhn's Beitræge, VI, p. 300).

Pilsen *hundrar'* de *nunrar'* « châtreur de cochons » (Prusik, Arch. f. sl. phil., II, p. 705).

Lemken *mular*, gén. *mulara* « maurer » (Werchratskij, Arch. f. sl. phil., XV. p. 55).

Germanique — Vha. *morsali* de *morsari* « mœrser » (Bechtel, Ass. und diss., p. 41).

Vha. *martolōn* (Otfrid) à côté de *martorôn* « martyriser ».

Mha. *samelen* = vha. *sam môn*, all. *sammlung* = vha. *samanunga*.

Grec. — τερέβινθος de 'τερέμινθος ; cf. τέρμινθος, τέρβινθος, τρίμινθος, τρίμινθος ; τέρβινθος doit son β à τερέβινθος, tandis que τρίμινθος et τρίμινθος doivent leur μ à τέρμινθος.

Gr. Βενδῖς = Μενδῖς « déesse Thrace de la lune ».

Gr. Ἀβαντίς de Ἀμαντίς, nom propre.

Gr. Ἀβίαντος de Ἀμίαντος, nom propre.

Gr. de Palestine *olomargalitis* = ὀλομαργαρίτης (J. Fürst, Glossarium graeco-hebraeum).

Gr. mod. ἀλυσαντήρι -- ἀνυσαντήρι (Hatzidakis, KZ, XXXIII, p. 122).

Gr. mod. Κέρβαλος = Κέρβερος (Id., ibid., p. 123).

Pâli — *Milinda* = Μένανδρος. — *elam* de 'enam, sk. *enas*, -- *rimams*, sk. *mīmāms* (Kuhn, Beitræge zur pâli-sprache, p. 38) ; cf.

skr. *çravaṇa-* = *cramaṇa-* « bouddhiste » (Bloomfield, dans Proc. of Am. Or. soc. mai 1886).

Hindi — *nāp* de *mūpanam* « mesure » (Brandreth, The gaurian and the romance languages, dans Journal of the royal asiatic society, XI, 303).

Arménien — *hiwand* de **himand*, *harawoiwnkh* de *˙(h)aramownkh* (KZ,XXXIII, 14 et 15).

Arm. *e)owngn* « ongle » de *˙enoiwngn* (?) ; le *g* de ce mot représente *gh* comme le *g* de v. sl. *nogйtĭ* (communiqué par M. A. Meillet).

V. arm. *xa)oλ* « raisin » se prononce *xawoλ* dans beaucoup de dialectes modernes ; cette dissimilation doit remonter au temps où *λ* était *l* vélaire, prononciation qui est encore attestée au XI° siècle (communiqué par M. A. Meillet).

Celtique — V. irl. *ilar* « aigle » = *˙eruros*. cf. gall. *eryr*, corn., bret. *er*, got. *ara*, vha. *aro*. gr. ὄρνις, ags. *earn*, vha. *arn*, lit. *erĕlis*, lett. *ĕrglis*. v. sl. *orĭlŭ* (W. Stokes, Fick's wœrt). Ce mot peut appartenir à la loi XVII si la dissimilation s'est produite antérieurement à la chute de la voyelle finale.

Vannetais *palanchènn* « panache », *palanche* « caparaçon », *palanchein* « empanacher » (MSL. VII, 502).

Moy. bret. *boulom* de *bonhomme* (Id., ibid.).

<h3 align="center">COMMENTAIRE XIV</h3>

$$1^{\text{o}}\ r\text{-}r > \begin{cases} l\text{-}r \text{ ou } r\text{-}l \\ r\text{-}d \text{ (ou } d\text{-}r) \end{cases}$$

Voir la première formule au *Commentaire I*, la seconde au *Commentaire IV*.

Le premier traitement est largement représenté dans les langues romanes et dans les langues baltico-slaves et germaniques : lat. vulg. **armolacia*, sic. *arvulu*, it. *tortola*, esp. *miercoles*, fr. popul.

colidor; — lit. *érkelis,* lett. *kŏrtelis,* pet, russ. *alár,* pol. *mularz,* vha. *martolón.*

Ital. *pórpora* « pourpre », *mércore* « mercredi », *tórtora, tórtore* « tourterelle », sont formes demi-savantes et refaites.

Ital. *lucerniere* = *lucernariu, quartiere* = *quartariu, terziere* = *tertiariu, arciere* = *arcariu, argentiere* = *argentariu, armentiere* = *armentariu, carboniere* = *carbonariu, carniere* = *carnariu, cartolario* = *chartulariu, formichiere* = *formicariu, erbario* = *herbariu,* etc. ont été retenus par la fréquence des produits du suffixe *-ariu.*

Le grec paraît ignorer ce traitement dans les mots ordinaires : ἄργυρος, μάργαρον, μαργαρίτης; mais il le connaît dans les mots à redoublement. comme nous le verrons plus loin. Le grec de Palestine le possède dans les mots ordinaires : *olomargalitis*

Le second est beaucoup plus rare : lat. vulg. *porfidu,* port *martidio.*

$$2^{\circ}\ l\text{-}l > \begin{cases} r\text{-}l \text{ ou } l\text{-}r \\ n\text{-}l \text{ ou } l\text{-}n \\ w\text{-}l \end{cases}$$

Pour les deux premières formules cf. *Commentaire I.* Ces deux traitements, fréquents dans les langues romanes. paraissent manquer dans les langues indo-européennes : it. *pillora.* esp. *caramillo.* prov. *caramels,* gén. *bellua.* Saint-Genis *raméla,* fr. popul. *porichinelle :* — mil. *nirèll,* esp , port. *nivel,* prov. *nivels,* fr. *niveau.*

Ital. *pillola* comme fr. *pilule* est un mot savant.

Ital. *libello* « balance » a été conservé par *libbra* « poids ».

Fr. *chalumeau* a pu être retenu par *chalme* « chaume » jusqu'à l'époque de la vocalisation de *l* implosif. Après cette vocalisation il n'y avait plus lieu à dissimilation.

La troisième formule. représentée par arm. *carod,* s'explique d'elle-même : le premier *l* vélaire a perdu par l'effet du second l'élément qui distingue un *l* vélaire d'un *w*.

$$3^{\circ}\ n\text{-}n > \begin{cases} l\text{-}n \text{ ou } n\text{-}l \\ r\text{-}n \text{ ou } n\text{-}r \\ d\ n \text{ ou } n\text{-}d \end{cases}$$

Pour la première formule, cf. *Commentaire I ;* pour la seconde
et la troisième, cf. *Commentaire XI,* formules *nn > rn* et *nn >
dn.*

Le premier traitement est généralement représenté dans les langues romanes et dans quelques langues indo-européennes : sic.
molimento, piém. *linsola,* pad. *legun,* fr. *Saint-Blin ;* — l'ils.
lundrür', pâli *Milinda,* arm. *ełovngn.*

Piémont. *ninsola* est refait : il a repris son *n* initial à *nos*
« noix ».

On ne peut pas attribuer au latin la connaissance de cette
loi sur le témoignage de *lendes* « lentes » = *'(c)nendes,*
gr. κονίδες (Bersu, Die gutturalen, p. 164). Il faudrait être
certain que *lendes* sort de *'nendes ;* il est beaucoup plus probable que lorsque l'*n* est devenu *l,* le *c* n'était pas encore tombé.
Dès lors deux explications sont possibles : ou bien *'cnendes* est
devenu *'clendes* comme *'gninda* est devenu *glinda* en vertu de la
7e loi de dissimilation, ou plutôt *cn* est devenu *cl* indépendamment
de l'*n* implosif parce que le latin ne connaissait pas le groupe combiné *cn,* cf. *crûs,* κνέφα, — *crepusculum,* κνέφας. Voir le même
phénomène dans plusieurs autres langues, *infra,* 2e partie, *Lois
phonétiques.* On ne trouve en latin le groupe *cn* initial que dans des
mots grecs empruntés tardivement : *cnidinus* « d'ortie » κνίδη
(Plin.), *cnemis* κνημίς, *cnecoron* « garou » κνέωρον (Plin.), *cnicus*
« plante d'Égypte » κνῖκος (Plin.), *cnissa* « fumée » κνίσσα (Arnob.),
cnodax « boulon de fer » κνώδαξ (Vitr..

Le second et le troisième traitements se rencontrent dans quelques langues romanes : v. gén. *morunta,* ital. *scheranzia,* fr.
Saint-Berain ; — andal. *dengun,* prov. *degun,* catal. *dingu.*

4° *m-m* > *v-m* ou *m-v*.

Cf. *Commentaire VIII*, formule *m-m* > *b-m* ou *m-b*, *v-m* ou *m-v* : ital. *vembro*. L'ital. *membro* est refait.

5° *n-m* > *l-m* ou *d-m* — *m-n* > *b-n*.

Dans les deux cas c'est le second phonème qui est implosif. Pour *n-m* > *l-m* cf. *Commentaire I* ; pour *m-n* > *b-n*, cf. *Commentaire VIII* ; pour *n-m* > *d-m*, cf. *Commentaire XI*, formule *nn* > *dn* : l'explication est la même. L'*m* implosif fait perdre la continuité à l'*n* intervocalique, d'où *d* : Sopras. *dumbrar*.

Le traitement *n-m* > *l-m* n'est pas rare dans les langues romanes : pad. *lombro*, v. esp. *lombre*, port. *lembra*, Saint-Hubert *bolom*. Mais elles ne paraissent pas connaître le traitement contraire *m-n* > *b-n*, tandis que le grec qui connaît le second : τρίβωθος ignore le premier : νύμφη.

6° *m-p* > *n-p* :

Hindi *nāp*, cf. *Commentaire VIII*.

LOI XV

IMPLOSIVE DISSIMILE COMBINÉE ATONE

1° LANGUES ROMANES

Français — *Verdouble*, nom d'une rivière des départements de l'Aube et des Pyrénées-Orientales, = *Verno-dubrum* (D'Arbois de Jubainville, *Les premiers habitants de l'Europe*, II, p. 5 et 280).

Fr. *Flobert* de *Frobert* = *Frodbert* (Diez, Gramm., tr. fr., I, p. 289).

Fr. *flamberge*, anciennement *floberge*, cf. Hatzfeld, D. et Th., Dict. gén.).

2° LANGUES INDO-EUROPÉENNES

Baltico-slave — Serb. *poklisar* de ἀποκρισιάριος (Miklosich, Vergl. gr. d. sl spr., 1re éd., 1, p. 326).

Grec d'Italie — φράτωρχος = ʽφρατορχος (J. Schmidt, KZ, XXXIII, p. 457).

Latin tardif — *fragellum* = *flagellum*. Le gr. tardif φραγέλλιον n'est autre chose que *fragellum* emprunté. L'ital. *fragello* pourrait être sorti de cette forme, mais l'existence d'un représentant de *flagellum* dans presque toutes les langues romanes et en particulier dans l'ital. *flagello* rend cette hypothèse peu vraisemblable. Ou bien *flagello* est devenu *fragello* par une dissimilation italienne, ou bien il doit son *r* à l'influence de *frusta*. *Fragore*, *frangere* peuvent avoir aussi secondé cette influence. — V. irl. *sraigell* a été emprunté au latin après la dissimilation : il représente *fragellum* et non *flagellum*.

COMMENTAIRE XV

r-r > *l-r* ou *r-l*, cf. *Commentaire 1*, même formule.

r-r > *0-r* ou *r-0*, cf. *Commentaire 1*, même formule.

Cette loi est très peu représentée parce que les conditions qu'elle exige sont rarement réunies.

LOI XVI

INTERVOCALIQUE DISSIMILE COMBINÉE ATONE

1° LANGUES ROMANES

Italien — *aráto* « charrue » (Meyer-Lübke, Gr. rom., 1, 518).

Ital. *Federico* « Frédéric ».

Ital. *dereto* et *direto* de *deretro* et *diretro*.

Milan. *spiüri* = '*plurire* = *prurire* (Salvioni, Fonetica del dialetto di Milano, p. 190).

Espagnol — *plegaria* de *precaria* (Diez, Gramm., tr. fr., 1, p. 206).

Esp. *roble* « rouvre » (Baist, Græber's Grr., 1, p. 703).

Portugais — *roble* « rouvre »

Français — *érable*, cf. Loi XII.

2° LANGUES INDO-EUROPÉENNES

Baltico-slave — Lit. *inglasiroti* « ingrossiren » (Bechtel, Ass. und diss., p. 28).

Lit. *klumbéris* « pomme de terre » de all. dial. *krumbier* (Bechtel, ibid.).

Lit. *glumas*, *gliaumas* de *gn-* (J. Schmidt, KZ, XXVI, p. 10). *Greïmas* appartient à la même souche, et c'est précisément la dissimilation qui explique à la fois l'*l* et l'*r*.

Grec — Att. φαῦλος: cf. φλαῦρος; loi IV.

Att. μάραθον « fenouil » de μάραθρον (Pott. Bezz. B., VIII, 46).

Att. ὀλοφυκτίς « pustule » (schol. d'Aristoph., Gren. 236) et grec tardif ὀλοφυγδών « pustule » = *ὀλοφλυκτίς. Hippocrate dit ὀλοφλυκτίς parce qu'il comprend l'étymologie du mot ; plus tard ce sentiment s'effaça.

Gr. mod κλώθρι = κρώθριον de κρώθη, κλάθρι = κράθριον de -κρας (Hatzidakis, Neugr. gr., p. 86).

COMMENTAIRE XVI

$$1° \; r\text{-}r > \begin{cases} l\text{-}r \text{ ou } r\text{-}l \\ 0\text{-}r \text{ ou } r\text{-}0 \end{cases}$$

Voir ces deux formules au *Commentaire I*. Elles n'apparaissent nulle part dans la même langue. L'italien littéraire ne connaît que la seconde : *arato*, *Federico*, *dereto* ; le grec ancien de

même : μάραθον. Mais l'espagnol, le portugais, le français, le milanais, le grec moderne, le lituanien ont seulement la première :
esp. *roble*, *plegaria*. port. *roble*, fr. *érable*. mil. *spiüri*, gr.
mod. κλοθάρι, lit. *inglasiroti, klumbéris*.

Le mil. *spiüri* prouve que le latin vulgaire à côté des formes
prudere, *prudire* possédait encore la forme *pruire* ; c'est que le
latin vulgaire comprenait plusieurs dialectes, comme on le sait.
Il ne serait d'ailleurs pas impossible que *pluvire* remontât au
latin vulgaire et s'y fût trouvé dans les mêmes dialectes que *prudit* ; car si *prudit*, *prudere* sont réguliers en vertu de la loi IV,
prudire ne peut être qu'une forme analogique d'après *prudit* et
la forme régulière serait *pluvire*.

Nous avons vu plus haut, loi XII, que fr. *érable* peut s'expliquer
autrement que nous ne le faisons ici. En effet *rouvre* n'est pas
devenu *'rouble*, mais ce mot est si peu populaire (nous ne l'avons
trouvé connu du peuple dans aucune des régions où nous
avons pu faire des observations personnelles), qu'il nous paraîtrait
trop hardi de fonder sur lui seul l'absence de cette loi en français.

Gr. mod. πλώρη de πλῶρα n'est pas une dissimilation, mais doit
son λ à la famille de πλέω.

Gr. mod. φλούραρχος de φρούραρχος. M. Hatzidakis ne nous dit pas
(Neugr. gr., p. 86) si le simple φλουρά existe. S'il existe il est régulier en vertu de cette loi et φλούραρχος n'est pas dû à une dissimilation mais à une recomposition. Si φλουρά n'existe pas la première partie du composé ne peut pas être comprise du sujet parlant
et dès lors la dissimilation est renversée. cf. les phénomènes que
nous exposons plus bas sous le titre *Observation générale*.

Ital. *aratro* est une forme refaite, it. *cerebro* est un mot demi-
savant ; esp. *primavera* a une étymologie trop claire pour avoir
pu être dissimilé.

Att. ἀκρέσπερον, εὐθρύβροτον, ἀκρομετρίω, ἀκροθώραξ, ἀμυλοπίλοκος,
ἀλιπόρφων, etc. n'ont pas été non plus dissimilés à cause de leur
étymologie évidente.

Ital. *primiero, frumentiere, granatiere,* etc. ont également une formation très claire pour tout le monde.

$$2° \; l\text{-}l > 0\text{-}l \text{ ou } l\text{-}0.$$

Cf. *Commentaire X,* même formule.

C'est le grec ancien qui nous fournit des exemples de ce traitement : ὀλοφυκτίς, φαῦλος. Il est bon de remarquer que les traitements de *l-l* et de *r-r* se correspondent ; dans les deux cas le phonème dissimilé devient 0 et non pas *l* ou *r*.

$$3° \; n\text{-}m > \begin{cases} l\text{-}m \\ r\text{-}m \end{cases}$$

Cf. *Commentaire I,* même formule. Le lituanien présente les deux produits : *gliaūmas, greīnas.*

III

LOIS TOUJOURS RÉGRESSIVES NE DÉPENDANT
PAS DE L'ACCENT D'INTENSITÉ

LOI XVII

DE DEUX PHONÈMES INTERVOCALIQUES C'EST LE PREMIER
QUI EST DISSIMILÉ

1° LANGUES ROMANES

Latin vulgaire — *jolju* « ivraie ». La forme *lolju* est représentée par ital. *loglio*, sard. *luzzu*, Dampr. *lœ*, etc. *Lolju* était devenu dans certaines régions *ljolju* par une assimilation due au sentiment du redoublement ; c'est de *ljolju* qu'est sorti *jolju* par dissimilation : ital. *gioglio*, prov. *juelhs*, cat. *jull*, esp. *joyo*, port. *joio*.

Latin vulg. *jilju* « lis ». La forme *lilju* est représentée par sard. *lilhu*, prov. *lilis*, fr. *lis*, esp., port. *lirio*. *Lilju* était devenu dans certaines régions *ljilju*, d'où par dissimilation *jilju* : ital. *giglio*, sicil. *gigghiu*, rhétor. *gilgia*.

Il est frappant que le domaine de *jolju* et celui de *jilju* ne se correspondent pas. C'est que le lis et l'ivraie ne viennent pas également bien et en égale abondance dans les mêmes régions. En maints endroits le lis est inconnu du peuple ; partout il connaît l'ivraie, aussi *jolju* est-il beaucoup plus répandu que *jilju*.

Italien — Vén. *pirola* (Meyer-Lübke, ital. gr., p. 162).

Piém. *pinola* « pilule ».

Vén., piém. *perola* (Meyer-Lübke, ital. gr., p. 162). Il y a en outre dans ce mot l'influence de *perla*.

V. it. *astrolomia* = *astronomia* (Caix, Studj di et. it. e rom., p. 188).

Ital. *storlomia* = *'strolomia* (Caix, Rivista di fil. rom., II, 74). La dissimilation a eu lieu avant la métathèse de l'*r*.

Sard. *urulare* = *ululare*.

Lecce *sulàri* «sorores» (Morosi, Arch. glott. it., IV, p. 130, — Meyer-Lübke, ital. gr., p. 162).

Lecce *lerénzia* = *re¡c'er-* (Morosi, Arch. glott. it., IV, 138).

Ital. *Girolamo* (Meyer-Lübke, Gr. rom., I, p. 512).

Frioul. *lumar* «numerus» (Meyer-Lübke, ibid.).

Sic. *luminari* «nominare» (Meyer-Lübke, ital. gr., p. 163).

Mil. *domà* = *nomà* = *non magis* (Meyer-Lübke, ibid.).

Mil. *lùmina* (Meyer-Lübke, ibid.).

Ital. *filosomia* = *'fisolomia* = *fisonomia* (Caix, Studj di et. it. e rom., p. 188).

Romg. *lominér* (Meyer-Lübke, ital. gr., p. 163.

Pad. *lomè* «non magis» (Meyer-Lübke, ibid.).

Pad. *lòme* — *nome* (Ascoli, Arch. glott. it., I, p. 433).

Pad. *ilema* = *'anema* (Ascoli, ibid.).

Pad. *ilamorò* = *'inamoro* (Ascoli, ibid.).

Nord du lac Majeur *colomia* « économie » (Salvioni, Arch. glott. it., IX, 223).

Piacenza *culumia* « économie » (Gorra, Zeitschr. f. rom. phil., XIV, p. 149).

Lucques *columia* «économie », — *lumero* « nombre », — *stralomare* = *stranomare* « dare un nomignolo » (Pieri, Arch. glott. it., XII, p. 124).

Ital. *gonfalone* «bannière ».

Ital. *Bologna* (Meyer-Lübke, Gr. rom., I, p. 512).

It. *calònaco* « chanoine » (Meyer-Lübke, ibid.).

It. *veleno* «poison ».

Mil. *veri* « poison» (Meyer-Lübke, Gr. rom., I, 512).

Vén. *calònigo* « chanoine » (D'Ovidio, Groebers, Grr., I, 535).

Sic. *vilenu* « poison ».

It. *Ugolino* de *'Ugonino* (Caix, Studj di et. it. e rom., p. 187).

It. *Azzolino*, *Ezzelino* de *'Azzonino* (Caix, ibid.).

Chiogg. *Velissiani* (Ascoli, Arch. glott. it , I, p. 433).

It. *pusigno* « réveillon » = *poscinium*. Sans dissimilation, on aurait eu *'pušigno* (Meyer-Lübke, ital. gr., p. 164).

Espagnol — *Antolin, Barcelona* (Meyer-Lübke, Gr. rom., 1, p. 512).

Esp. *beleño* « poison ».

Esp. *confalon*.

Esp. *Garitana* de *Gaditana*.

Esp. *quijarudo* « qui a de fortes mâchoires » de *quijada* « mâchoire », dissimilation favorisée par le mot *rudo*.

Portugais — V. port. *icolimo* « aeconomus » (Diez, Gramm., 1. 217).

V. port. *lomear* « nommer » (Meyer-Lübke, Gr. rom., 1, 512).

Port. *alimal* « animal ».

Catalan — *udolar* = *ululare*.

Provençal — *udolar* = *ululare*.

Français — *Boulogne,* — *orphelin* (Meyer-Lübke, Gr. rom., 1, 512).

Fr. *Roussillon* = *Ruscinione*.

V. fr. *velin* (Meyer-Lübke, Gr. rom., 1, 512).

Fr. *enverimer* « empoisonner », dans le *Bestiaire de Gervaise,* 602, publié par M. P. Meyer (Romania, 1, p. 420 sqq.).

Bourberain *vérę* « venin » (Rabiet, Rev. d. pat. gallorom., III, p. 45).

Norm. *reli* (Meyer-Lübke, Gr. rom., 1, p. 512).

Dampr. *vrį* « poison ».

Fr. *Chasselines* (Creuse) = *Cassaninas* (A. Thomas, Annales de la Fac. de Bordeaux, 1886, p. 314).

Fr. *Fresselines* (Creuse) = *Fracininas* (Id., ibid.).

Fr. *Vilaine*, rivière = *Vicinonia* (Id., ibid.).

Fr. *Vendelogne,* rivière = *Vixinonia* (Id., ibid.).

Fr. *gonfalon* est emprunté à l'italien ; v. fr. *gonfanon* et con-*fanon* sont également empruntés comme le prouve leur *a.* La vraie forme française est *conferon* (Roquefort), Dampr. *cūfru* « bannière » ; l'*r* de cette forme est dû à l'*n* final. La dissimilation s'est produite à une époque où ce dernier se prononçait encore comme consonne.

Fr. popul. *calonier* = *canonnier,* cf. *calonnière,* dans le Dict. gén. de Hatzfeld, Darmesteter et Thomas.

Saint-Hubert (Wallon) *kaloné* « jeter des pierres » = *canonner* (Marchot, Revue des patois, IV, 200).

La Hague *erselin* « arsenic », *velyn* « venin », *chalouegne* « canonicus » (Eggert, Zeitschr. f. rom. phil., 13, 393). Dans ce patois les nasales forment voyelle nasale avec la voyelle précédente ; la dissimilation remonte à une époque où la nasale était encore consonne.

Gasc. *beregna* « vendange » = **venenia* = **vennen'a,* cf. sic. *vinnin'a,* Cola di Rienzi 450 *vennegnie.*

Fr. popul. et dial. *luméro* et *liméro* « numéro ».

Fr. de l'Est et de l'Ouest *lome* « nommer » (Meyer-Lübke, Gr. rom., I, p. 512).

Fr. popul. *alimer* « animer ».

Fr. popul. *écolomie* « économie ».

Fr. *Xaintraille* = *Sainte-Araille* = *Eulália* (communiqué par M. A. Thomas).

Fr. *Chénérailles* = *Canaliculas* (A. Thomas, Rom., 1877, p. 264).

Fr. *Vareilles* = *Valliculas* (Id., ibid.).

Pral (vaudois de Piémont) *ejsurelū* de *ejsulelū*) « esporre al sole », — *ejkurilū* (de *ejkulū*) « scolature » (Morosi, Arch. glott. it., XI, p. 344).

Dampr. *sèčòt* « clochette ».

2° LANGUES INDO-EUROPÉENNES

Baltico-slave — Lett. *levīseris* « revisor » (Bechtel, Ass. und diss., p. 31).

Lemken *studelina* de *studenina* « gélatine, gelée » (Werchratskij, Arch. f. sl. phil., XV, p. 62).

Lemk. *poňovin,* gén. *poňovena* de *poňomin,* gén. *poňomena,* v. sl. *plamy,* gén. *plamene* (Werchratskij, Arch. f. sl. phil., XV, p. 67).

Germanique — Mha. *enelende* de vha. *elilendi* (Angermann, Diss. im griech., p. 41).

Celtique — V. irl. *araile* de *alaile* = *alaljos,* gall. *arall.*

Grec — θηλητήρ · κυνηγός Hés. = θηρητήρ (F. de Saussure, MSL, VI, 78). Cette dissimilation est née aux cas obliques ; si elle était née au nominatif singulier, elle serait due à la loi XIV que le grec ne paraît pas connaître pour *r-r*, cf. supra.

Gr. Λαβύνητος (Hérodote, I, 74) = *Nabunita* des inscriptions perses.

Gr. de Palestine *ebelinos* = ἐβένινος (J. Fürst, Glossarium græcohebraeum).

Moy. et néogr. βυζάνω qui remplace gr. ancien μυζάω « sucer ».

Néogr. πελιστέρι = περιστέριον de περιστερά (Hatzidakis, Neugr. gr., p. 86), ἀλιστερά = ἀριστερά (Id., KZ, XXXIII, p. 122).

Néolocr. πελιστέρι, παλεθύρι de παράθυροι (Chalkiopulos, C. St., V, 350).

Néogr. ἀλαμίνω de ἀναμίνω, λημόρια de νημόρια (Hatzidakis, KZ, XXXIII, p. 122, 123).

Bova (Calabre) *limómulo* « moulin à vent » = *ἀνεμόμυλος* (Morosi, Arch. glott. it., IV, 24).

Latin — *Parīlia* de *Palīlia* dérivé de *Palēs* (Corssen, KZ, II, p. 18).

Lat. *caeruleus* dérivé de *caelum* (Corssen, ibid).

Moyen-breton — *vanier* « manière » (MSL, VII, 480), *vani* « mouentur » (p. 482) doivent sans doute figurer ici.

Prâkrit — *ŋâhalō*, sk. *lahalas*, — *nâgalâ* « charrue », — *ŋâgûlâ* « queue », sk *lâŋgalam* (R. Hœrnle, Grammar of the Gaudian languages, p. 92).

COMMENTAIRE XVII

1° *r-r* > *l-r*, cf. *Commentaire I.*

Les exemples sont assez rares : Lecc. *sulâri*, lett. *leviscris*, gr. θυλατήρ. gr. mod. πιλατέρι.

Nous n'avons rien rencontré concernant cette formule dans les autres domaines.

$$2° \ l\text{-}l > \begin{cases} r\text{-}l. \text{ cf. } Commentaire \ I. \\ n\text{-}l, \text{ cf. } Commentaire \ I. \\ d\text{-}l, \text{ cf. } Commentaire \ XI, \ ll > ddl. \\ 0\text{-}l, \text{ cf. } Commentaire \ X. \end{cases}$$

l-l > *r-l* : vén. *pirola*, sard. *urulare*, Pral. *ejsurelâ*, fr. *Chénérailles*, lat. *Parilia*.

Il faut noter que dans les mots français tels que *Araille* (*Xaintraille*), *Chénérailles*, *Vareilles* le premier *l* n'a été dissimilé qu'après le changement de *li*, *el* en *l'*. Il est à peine utile d'ajouter que dans *Vallicnlas* le *ll* s'était déjà réduit à *l* ; on a les formes *Valilias* au XIᵉ siècle et *Valcilhes* en 1477 ; elles sont rapportées par M. A. Thomas, Rom., 1877, p. 264.

l-l > *n-l* : piém. *pinola*, mha. *enclende*, prâkr. *ŋâhalō*.

l-l > *d-l* : cat., prov. *udolar*.

l-l > *0-l* : lat. vulg. *jolju*, *jilju*. Il faut noter qu'ici l'*l* fait partie d'un groupe combiné *lj* et en est le premier élément.

$$3° \ n\text{-}n > \begin{cases} l\text{-}n, \text{ cf. } Commentaire \ I. \\ r\text{-}n, \text{ cf. } Commentaire \ XI. \end{cases}$$

n-n > *l-n* : it. *gonfalone*, vén. *calonigo*, sic. *rilenu*, esp. *Bar-*

— 83 —

celona, fr. *orphelin*, fr. popul. *calonier*, Saint-Hubert *caloné*, La Hague *velyn*, norm. *velj*, Lemk. *studelina*. gr. Λαβύνητος.

n-n > *r-n* : lad. *veri*, Bourber. *vère*, v. fr. *conferon*, Dampr. *vrj*.

La première formule, largement représentée dans les langues romanes, l'est fort peu dans les autres. La seconde ne l'est que dans quelques langues romanes.

Esp. *veneno*, ital. *canonico* sont formes refaites.

Le latin ne paraît pas connaître de dissimilation pour deux *n* intervocaliques : *uenēnum, Bonōnia.* On cite partout *sterquilīnium* et *uespertiliō*; mais **sterquininium* est une pure hypothèse sans appui (voir pour la bibliographie Bersu, Die gutturalen, p. 120). **Uespertinionem* (Bugge, KZ, XIX, p. 445) aurait à côté de lui *uespertīnus*, mais on ne voit pas comment l'addition à *uespertinus* du suffixe *-iōn-* aurait eu le don de faire signifier à ce mot «chauve-souris ». M. Kretschmer (KZ, XXXI, p. 424) a proposé de *uespertiliō* une autre étymologie : le second terme serait le même mot que gr. πτίλον « plume légère, duvet »; cela ne paraît pas encore satisfaisant pour le sens.

La dissimilation que présente le mot Λαβύνητος pourrait bien être antérieure à l'emprunt grec, car ἀνίνοθε, ἐπ... ἐνοθε, κατενήνοθε sont restés intacts. Le grec de Palestine connaît ce traitement : *cbelinos*.

4° *n-m* > $\begin{cases} \textit{l-m}, \text{ cf. } \textit{Commentaire I.} \\ \textit{r-m}, \text{ cf. } \textit{Commentaire I.} \\ \textit{d-m}, \text{ cf. } \textit{Commentaire XI.} \end{cases}$

n-m > *l-m* : v. it. *astrolomia.* it. *Girolamo,* frioul. *lumar,* sic. *luminari,* mil. *lümina,* romg. *lominèr,* pad. *lomè,* Piacenz. *culumia,* Lucq. *columia,* v. port. *icolimo,* fr. popul. *luméro,* Bova *limómulo.*

n-m > *r-m* : v. fr. *enrerimer.*

n-m > *d-m* : mil. *domà.*

La première formule est très abondamment représentée en italien et dans les dialectes italiens ; elle l'est peu ailleurs.

Le latin ne dissimile pas *n-m* intervocaliques : *nōmen, nemus, anima, numerus,* etc.

Le grec fait de même : νέμω, ἄναιμος, νέμεσις, ὄνεμος, etc.

5° *m-n* > *v-n* ou *b-n,* cf. *Commentaire VIII* :

Lemk. *poŭovena,* gr. mod. βυζάνω.

Cette formule est inconnue au latin : *monet, manet, femina, munus,* etc. et au grec : μένω, μόνος, μένος, ᾽μῆνις, μινύθω, etc.

6° *š-n'* > *s-n', š-č* > *s-č* :

It. *pusigno,* Dampr. *sĕčòt.* La seconde dento-palatale fait perdre à la première son élément palatal. A Damprichard la dissimilation n'a lieu que pour *š-č* ; *ǧ-ǧ* restent intacts : *ǧüǧī, ǧòǧī; č-č* restent intacts : *čĕčiji, čòčī* ; *č-ǧ* restent intacts : *čĕǧü, čẹǧī, čèǧċnrò;* pour l'explication détaillée de *sĕčòt,* cf. MSL, VII, 462.

7° *d-t* > *r-t, d-d* > *r-d* :

esp. *Garitana, quijarudo* ; cf. *Commentaire VIII.*

LOI XVIII

DE DEUX APPUYÉES ATONES C'EST LA PREMIÈRE
QUI EST DISSIMILÉE

Nous n'avons pas rencontré d'exemple certain de cette loi dans les mots ordinaires. Les deux suivantes sont aussi très mal représentées. C'est que les conditions nécessaires pour qu'elles se produisent sont très rarement réunies ; quand elles le sont, c'est généralement dans des mots composés dont tous les termes sont très clairs. Il est bon néanmoins de les citer à leur place ; d'autres trouveront sans doute les exemples qui nous ont échappé.

LOI XIX

DE DEUX COMBINÉES ATONES C'EST LA PREMIÈRE QUI EST DISSIMILÉE

Grec — θιπόβρωτος « vermoulu » de θριπόβρωτος (F. de Saussure, MSL, VI, 78). La première forme n'est citée que par Hésychius ; nous pouvons donc la considérer comme tardive, et les groupes θρ et βρ comme combinés.

Gr. φύγεθλον « tumeur à l'aine » = *φλυγεθλον (Pott). Ce mot n'appartenant qu'à la basse grécité, nous devons considérer ses groupes φλ et θλ comme combinés. M. Per Persson (Wurzelerweiterung, p. 23) en donne une autre étymologie.

COMMENTAIRE XIX

1° *r-r* > *0-r*, cf. *Commentaire I.*
2° *l-l* > *0-l*, cf. *Commentaire X.*

Ces exemples ne sont pas démonstratifs, puisque nous ignorons pour tous deux sur quelle syllabe tombait l'accent d'intensité.

LOI XX

DE DEUX IMPLOSIVES ATONES C'EST LA PREMIÈRE QUI EST DISSIMILÉE

Français — *héberger* de *herbergier*, *hebergement*, etc.
Provençal — *albergar*.

Ces exemples n'ont qu'une valeur très secondaire puisque dans les formes considérées à la loi 1 la seconde liquide est tonique.

IV

OBSERVATION GÉNÉRALE

Nous avons vu dans les *Commentaires* qu'un certain nombre de mots ont échappé aux lois de la dissimilation parce que l'étymologie de leurs différents éléments était claire pour le sujet parlant. Il peut se faire qu'un seul des éléments constitutifs d'un composé ou d'un dérivé soit resté intelligible; c'est un thème, un suffixe ou un préfixe qui existe dans plusieurs autres mots et ne se trouve nulle part ailleurs dans les conditions requises pour subir une dissimilation. Si c'est précisément dans cet élément qu'est placé le phonème à dissimiler, les rapports de parenté que tout le monde saisit lui donnent une force particulière et le maintiennent intact. Dans ce cas la dissimilation est renversée : le phonème qui devait exercer une dissimilation la subit.

1° L'élément resté clair est un thème :

Italien *giogaja* de *'gioghiaja* (Meyer-Lübke, Gr. rom., I, 513). Si la dissimilation a pu être renversée c'est grâce au mot *giogo* (Caix, Rivista, II, p 80-81).

Français *Christofle*, *Christophe*, espagnol *Cristobal*, italien *Cristofano* = *Christophoru*. Le premier *r* qui devait être dissimilé a été retenu par *Christ*, *Cristo*. L'italien *Cristofano* a en outre subi pour sa finale l'influence de *Stefano*; quant à l'autre forme italienne *Cristoforo*, ce n'est que le mot latin réintroduit par l'église.

Espagnol *español* : le premier *n* a été retenu par *España*, si ce mot sort bien, comme on l'admet généralement, de *hispanione*.

Espagnol *Madrileño* ; c'est le *d* qui précède l'*r* qui devait être dissimilé. Il a été retenu par le mot simple *Madrid*. *Madrideño* est refait sur la forme écrite, car on prononce *Madri*.

A propos de *Madrileño* il est bon de faire une remarque sur

l'échange de *d* avec *r* et surtout de *d* avec *l*. C'est un phénomène inexplicable avec les documents que l'on possède aujourd'hui et on ne
l'éclaircira que par une étude approfondie de chacun des patois où
il se produit. Parmi les mots qui présentent ce phénomène nous
en avons expliqué quelques-uns par dissimilation et il y en a en
effet pour lesquels cette interprétation est certaine. Quelques autres
peuvent avoir subi une étymologie populaire ou avoir été mélangés
avec un autre mot, par exemple ital. *redetta* de *reletta* d'après
vedere. D'autres enfin peuvent avoir éprouvé l'action d'une autre
loi phonétique; l'espagnol possède les deux formes *dintel* et *lintel* «linteau»; M. Cornu (Romania, IX, 133) explique *dintel* par
el lintel qui serait devenu *el dintel* comme *bulla* est devenu *bulda*.
Ce serait un phénomène syntactique et en somme il n'y a rien
à cela d'impossible. *Dintel* pourrait d'ailleurs être après voyelle le
produit d'une dissimilation (loi XIV); dans l'Ariège on dit *den-
til'o*, dans le Béarn *dendel'e* qui pourraient être après voyelle une
application de la loi XVII. Mais quand bien même on aurait écarté
plusieurs de ces mots au moyen des doublets syntactiques, de l'étymologie populaire, des croisements et de la dissimilation, il en restera toujours un nombre considérable qui demanderont une autre
explication. Que dire en effet de esp. *melecina*, — esp. *caluco* à
côté de *caduco*, — esp. *cigarra*, fr. *cigale*, it. *cicala* à côté de
lat. *cicada*, — esp. *mielga* de *medica*, — esp. *nalga* de *natica*, —
esp. *almul* et *almud*, — port. *malga* de *madiga* = *magidem*,
— esp. *ardil* et *ardid*, — esp. *escuda* et *escala*, — esp. *sendos* =
singullos, — port. *padejar* de *palejar*, — esp. *sacalina* et *saca-
diña*, — esp. *socalina* et *socadiña*, — esp. *sur*, port. *sul*, fr. *sud*,
— v. esp. *sedano*, — esp. *amidon*, fr. *amidon*, ital. *amido*,
— padouan *envilia* de *invidia*, — esp. *adalid* de *adalil*, — esp.
panadizo de *panarizo*, etc.? On sait qu'en latin nombre de
mots où l'on attend un *d* présentent un *l*, et que si quelques-uns
comme *lingua* peuvent s'expliquer par étymologie populaire, d'autres comme *lacrima* ont résisté jusqu'à présent à tous les efforts.

En dernier lieu M. R. Seymour Conway a voulu y voir des emprunts sabins (Idg. forsch., II, 157 sqq.). Les mots italiens tels que *tralce, caluco, cicala, ellera* seraient aussi d'origine sabine (ibid., p. 102). La thèse est spécieuse ; mais est-il bien vrai que *d* devenait régulièrement *l* en sabin ? Si l'on examine les exemples sabins réunis par M. Conway, la seule conclusion que l'on soit strictement en droit d'en tirer, c'est que le sabin paraît avoir eu dans un certain nombre de cas comme le latin un *l* là où l'on attend un *d*. Il faut rappeler après M. Baist (Grœber's Grr., I, p. 702) que d'après Columelle et Varron le paysan disait *melicus* pour *medicus*. Il y a des régions où la forme avec *l* et celle avec *d* existent côte à côte : dans le Gard on dit *demito* ou *lemito* « limite », *lentilha* ou *dentilha* « lentille », *beligàs* et *bedigàs* « agneau d'un an », *oulour* et *oudour* « odeur », *lensoù* et *densoù* « linceul », *deissà* et *leissà* « laisser », *paraudo* et *paraulo*, *Lundres* et *Dundres* « nom d'une ville de l'Hérault », etc. (Roque-Ferrier, Revue des Langues Romanes, 1883, X, p. 187 sqq.). Sans doute, comme nous l'avons vu plus haut dans les *Commentaires*, il n'y a pas une très grande différence entre un *l* et un *d ;* mais la différence est cependant trop considérable pour qu'il puisse y avoir confusion dans les mots indigènes du moins. Si dans le même département on emploie *beligàs* et *bedigàs*, il faut voir si on les emploie dans le même village ; et si on les emploie en effet dans le même village, et si la même personne se sert de ces deux formes, il faut examiner dans quelles conditions elle emploie l'une et dans quelles conditions l'autre ; car l'emploi indifférent d'une forme pour une autre n'existe pas. Tant que cette étude n'aura pas été faite, la question restera pendante et les renseignements que nous avons sur elle ne permettront aucune conclusion.

Lituanien *katràl* (Bechtel, Ass. und diss., p. 28) « dans quelle direction ? » doit sa dissimilation, contraire à la loi VII, à l'influence de *katràs* « lequel ? ». Il est d'ailleurs surprenant que ce mot ait subi une dissimilation quelconque ; il semble que le premier *r* aurait dû être retenu par *katrâs* et le second par *kur̃* « où? » *kitur̃* « ailleurs ».

Vieux haut allemand *mûlberi* de et à côté de *mûrberi, môrberi*, emprunté à lat. *mōrum*. Sous l'action du mot bien connu *beri* « beere », c'est le second *r* qui aurait été dissimilé en vertu de la loi XIV. Même observation pour moy. angl. *mulberie* de et à côté de *murberie*.

Moyen haut allemand *knobelouch* « ail » de et à côté de *klobelouch*, vha. *klobolouch, klofolouch, klovolouch* (Angermann, Diss. im griech., p. 41). Sans l'influence du mot bien connu *louch* « lauch » c'est le second *l* qui aurait été dissimilé en vertu de la loi IV.

Grec θερμαστίς « chaudière », forme tardive, de θερμαστρίς. Influence de θερμός.

Grec κεφαλαργία de κεφαλαλγία. Le mot κεφαλή était trop connu et trop nettement senti dans ce mot pour devenir *κεφαρ-. Le mot ἄλγος pouvait dès lors s'effacer et devenir une sorte de suffixe détermi- nant quelque chose qui concerne la tête. C'est le même cas que plus haut pour *katrül*, où l'influence de *katrüs* a été plus forte que celle de *kur̃*.

Grec Πολυδεύκης serait encore un cas analogue si l'étymologie *Πολυ-λευκης (Baunack, MSL, V, 3) est exacte. Mais ce fait que nous n'avons pas rencontré jusqu'à présent en grec la formule $l\text{-}l > d\text{-}l$ ou $l\text{-}d$ lui ôte beaucoup de sa vraisemblance. M. H. Lewy, qui ré- pète cette étymologie (Idg. forsch., II, p. 446) l'appuie par δοῦλος = *λουλος et Δευκαλίων = *Λευκαλιων. Mais cette étymologie de δοῦλος n'est nullement satisfaisante ; celle de M. Johansson (Idg. forsch., III, 224 sqq.) paraît au contraire définitive et suppose un *d* primi- tif. Quant à Δευκαλίων, s'il représente réellement *Λευκαλιων, il peut devoir son δ à l'influence de δεύω « je mouille » par étymologie popu- laire. Enfin il ne faut pas oublier que le grec possédait une racine *deuc-* : δαυδύσσεσθαι · ἕλκεσθαι Hés., lat. *dūcō*, got. *tiuhan*, et, sans vou- loir faire d'hypothèse sur l'origine et le sens de Πολυδεύκης et de

Δευκαλίων, il est bon de signaler la présence possible de cette racine dans ces deux mots, dont le *δ* serait alors primitif.

Latin *floralis* de vieux latin *flusaris* (O. Keller, Lat. volks., p. 90). Le premier *r* étant retenu par *florem*, le suffixe *-aris* a été remplacé par le suffixe *-alis ;* ce n'est pas une dissimilation à proprement parler (cf. infra 2ᵉ partie, *Suffixes et préfixes*).

2° L'élément resté clair est un suffixe ou un préfixe très usité :

Suff. *-ulu,-culu ;* ce suffixe diminutif si fréquent en latin et dans les langues romanes a joué un rôle considérable dans la question qui nous occupe. C'est déjà lui qui avait déterminé la dissimilation du mot latin *fistula*, s'il représente bien **flistula*, comme le veut M. Bugge (Bezz. B. III, 98). Dans les langues romanes il y a particulièrement trois mots dont il a renversé la dissimilation : *colucula, umbiliculu, soliculu.* Le premier est devenu *conucla* dès en latin vulgaire. La forme **umbriclu* ou *'umbriculu* remonte-t-elle aussi au latin vulgaire ? Il est difficile de le déterminer. Elle est représentée par Dampr. *bréj*, émil. *umbrigolo*, prov. *umbrilhs*, fr. *nombril.* Quant à *soriculu* il ne remonte sûrement pas au latin vulgaire, comme le montrent fr. *soleil*, prov. *solelhs*, rhétor. *soluigl ;* il est représenté par Dampr. *sraj*, Val-Soana *sorólj*, Saint-Genis *se sorilyi* « se chauffer au soleil » (Philipon, Rev. des pat., III, p. 43). Dauph., *se sorelyi* « s'exposer au soleil » (A. Devaux, Essai sur la langue vulgaire du Dauph., p. 337), etc.

Port. *negalho* = **ligaculum.*

Campob. *pinnula* « pilule » (D'Ovidio, Arch. gl. it., IV, 162).

Fr. *faible* de v. fr. *flaible ;* influence des nombreux mots se terminant en *-ble,* comme *aimable, secourable, coupable, risible, horrible, terrible, ensemble, humble, noble.*

Esp., prov. *feble ;* même explication que fr. *faible.*

Ital. *pilatro* « pyrèthre », prov. *pelitres*, esp., port. *pelitre.* Le dernier *r* a été soutenu par la fréquence du suffixe *-tro, -tre.*

Ital. *dietro* cité comme dissimilation par Caix (Studj di et. it. e rom., p. 189) doit figurer ici : le suffixe *-tro* a pris une résistance particulière dans ce mot à cause de *destro, sinistro, contro*.

Esp. *almendra* (lat. vuig. *amendola*, cf. port. *amendoa*) doit l'*l* de sa première syllabe à l'article arabe, et cet article est si fréquent qu'il ne peut pas être modifié.

Dampr. *ôlétr* « arête ». L'*r* du suffixe n'est pas plus primitif ici que l'*l* du mot précédent ; mais il n'est pas moins fort une fois introduit.

Fr. *orme* de *ulmu*. D'après M. Mœhl (Bull. Soc. Ling. VII, p. ccxvii) c'est après l'article *l'* que serait née cette forme. Les raisons qu'il apporte à l'appui de cette hypothèse sont très plausibles. On aurait dit *l'orme* et *les olmes, l'arme* et *une alme* de *anima*. Il a trouvé en effet dans un manuscrit *l'urcere* et *les ulceres*. Il est facile de comprendre que *l'olme* ne pouvait pas devenir *r'olme ;* l'article *l'* est trop clair et trop fréquemment employé pour pouvoir être modifié ainsi. Il a renversé la dissimilation. Si *olmes* reste intact au pluriel, c'est que *les olmes* forme beaucoup moins une unité que *l'olme*, et d'autre part tandis qu'on disait au singulier *de l'olme*, à *l'olme*, qui étaient susceptibles de dissimilation, au pluriel *des olmes, aux olmes* ne l'étaient pas.

Ital. *remolare* « tarder » (Florence) et *rembolare* (Pistoja) = *remorare* sont donnés comme dissimilation par Caix (Studj di et. it. e rom., p. 186). Avec raison ; mais l'agent n'est pas comme il le croit l'*r* de l'infinitif ; les formes qui ne possèdent pas cet *r* sont trop nombreuses et trop fréquemment employées pour qu'il puisse avoir cette puissance (cf. *conquidere*, etc. infra, 2ᵉ partie) ; c'est l'*r* initial qui appartient à un préfixe bien connu et qui quelquefois est appuyé.

V. fr. *almaire, aumaire* de *armariu* par influence du suff. -*ariu*. La forme **almariu* remonte peut-être au latin vulgaire (cf. roum. *almar*, all. *almer*) ; elle aurait été dialectale à côté de *armariu*. Quoi qu'il en soit la dissimilation représentée par all. *almer* n'est sûrement pas germanique, et c'est à l'all. *almer* qu'ont été empruntées les formes slaves : čèq. *almara*, pol. *almaryja*, *olmaryja*, slov. *almara, almarica*.

Lit. *alkērius* « erker», cité par M. Bechtel (Ass. und diss., p. 28) ne peut pas être donné avec assurance comme exemple de dissimilation. La fréquence de la finale *-rius* était-elle suffisante pour déterminer le renversement de la dissimilation? Il est beaucoup plus probable qu'il y a eu influence de *alkas* « bosse» par étymologie populaire ; l'*a* initial est en faveur de cette explication.

All. *silber* « argent », vha. *silbar, silabar*, got. *silubr*, ags. *seolubr, scolfor*, angl. *silver*, holl. *zilver*, v. sax. *silubar*, à côté de v. sl. *sĭrebro*, lit. *sidabras*, etc. sont rapportés par M. Kluge (Et. wœrt.) à une forme primitive *silubro*. On a deux *r* dans v. sl. *sĭrebro* « argent », slov. *srebro*, bulg. *srebro, strebro*, serb. *srebro*, tèq. *str'ibro*, pol. *srebro*, polab. *srébrü*. Ces deux *r* sont primitifs. Le premier a été dissimilé en germanique grâce à la force particulière du suffixe. Le second l'a été dans v. pruss. *sirablan* en vertu de la loi XVI. — Quant à lit. *sidabras* il aurait pu sortir de *sirabras* par l'effet de la loi VIII à une époque où le *b* et l'*r* suivant ne formaient pas encore un groupe combiné ; mais ce serait faire remonter bien haut un *d* qui n'est peut-être pas très ancien. Le suffixe *-ra* n'a pas pu renverser la dissimilation parce que le suffixe *-la* existe aussi ; la finale *blas* existe tout comme la finale *bras*. Enfin un *d* sorti de *r* par dissimilation est un produit assez rare. Il est donc probable qu'il faut voir dans ce *d* l'influence d'un autre mot, qui paraît être *sridus* «brillant », *svidèti* « briller ».

Franciq. du IXe siècle *sliumo* « rapide » = vha. *sniumo* (Braune, Ahd. gr., p. 94). Il y a eu influence du suffixe *-mo, -umo*, cf. *më'umo* « medius », *rëhtumo* « rectus », *duërhumo* « obliquus », etc. Il n'y a pas de suffixe *-bo, -ubo, -vo, -uvo* dans les adjectifs. Vha. *sliunig*, all. *schleunig* « rapide » reçoit une explication analogue.

Vha. *knüpfel* « gourdin » de *klüppel*, cf. angl. *club* « massue, gourdin », v. norr. *klubba*. Influence du suffixe diminutif (¹).

<hr>

(1) M. V. Henry me communique qu'il voit plutôt dans *knüpfel* l'influence de *knopf*; « le sens imaginaire étant *bâton noueux* ».

Mha. *kniuwel* « pelote » de *kliuwel*, diminutif de *kliuwe* « boule »,
vha. *kliuwa*.

Serbe *zlàmenje*, cf. v. sl. *znamenïje* « signe », parce que ce mot
a un sens particulier qui le sépare de *znati* et qu'on y reconnaît
le suffixe -*men*-.

V

TABLEAU DES TRAITEMENTS

Nous rassemblons ici les divers produits de la dissimilation que nous avons rencontrés ; il pourra être commode pour les recherches ultérieures de voir d'un coup d'œil, sans être obligé de recourir aux lois particulières, que la dissimilation de tel phonème par tel autre existe dans telle et telle langue et quels sont ses produits. Ce tableau n'est forcément qu'une ébauche ; il ne pourra être a peu près complet que le jour où nombre de monographies auront approfondi la question dans chaque langue.

Produits de *r*.

1° *r* dissimilé par *r* devient *l*.

v. h. allemand (lois I, IV, XIV)

m. h. allemand (lois I, XIII)

v. arménien (loi I)

Damprichard (lois II, IV)

espagnol (lois I, IV, V, VIII, XII, XIV, XVI)

français (lois I, II, XII, XIV, XV, XVI)

grec (lois III, VIII, XVII)

grec de Palestine (loi XIV)

grec moderne (lois II, XIV, XVI, XVII)

italien (lois I, IV, V, XII, XIX)

latin (loi II)

latin vulgaire (lois I, IV, XII, XIX)

lette (lois IV, XIV, XVII)

lituanien (lois IV, XIV, XVI)

milanais (lois I, XII, XVI)

polonais (loi XIV)

portugais (lois I, XVI)

provençal (lois I, XII)

petit russien (lois VIII, XIV)

serbe (loi XV)

2° *r* dissimilé par *r* devient *n* :

latin (loi IV)   Lemken (loi I)

lituanien (loi XII)

3° *r* dissimilé par *r* devient *d* :

italien (loi IV)   lat. vulg. (lois IV, VIII, XIV)

portugais (loi XIV)

4° *r* dissimilé par *r* devient *0* :

v. h. all. (loi VII)   italien (lois II, XVI)

Damprichard (lois IX, XII).   latin (loi II)

espagnol (lois II, IX)   portugais (loi II)

français (lois I, IX, XII)   provençal (loi XII)

grec (lois II, XII, XVI, XIX)

5° *r* dissimilé par *l* devient *d* :

Pilsen (loi XI)

6° *r* dissimilé par *l* devient *0* :

Damprichard (loi XII)   espagnol (loi XII)

Produits de *l*.

1° *l* dissimilé par *l* devient *r* :

espagnol (lois VIII, XIV)   lituanien (loi XII)

français (lois I, XI, XIV)   v. norrois (loi XI)

grec (lois IV, VIII)   milanais (loi I)

irlandais (loi XVII)   provençal (loi XIV)

italien (lois I, XI, XIV)   russe (loi XII)

latin (loi XVII)   sarde (loi XVII)

vénitien (loi XVII)

2ᵒ *l* dissimilé par *l* devient *n* :

m.h.all. (loi (XVII)   milanais (loi XIV)
catalan (loi I)   piémontais (loi XVII)
espagnol (lois I, XIV)   portugais (loi XIV)
français (loi XIV)   prâkrit (loi XVII)
provençal (loi XIV)

3ᵒ *l* vélaire dissimilé par *l* devient *d* :

catalan (loi XVII)   v. islandais (loi XI)
provençal (loi XVII)

4ᵒ *l* vélaire dissimilé par *l* devient *w* :

arménien moderne (loi XIV)

5ᵒ *l* dissimilé par *l* devient *0* :

espagnol (loi XII)   grec (lois X, XVI, XIX)
français (loi XII)   latin vulgaire (loi XVII)

6ᵒ *l* dissimilé par *r* devient *0* :
espagnol (loi XII)

Produits de *n*.

1ᵒ *n* dissimilé par *n* devient *l* :

v. arménien (loi XV)   irlandais (loi VII)
m. breton (loi VI)   italien (lois VIII, XVII)
espagnol (loi XVII)   Lemken (lois XI, XVII)
français (lois XIV, XVII)   lituanien (loi VII)
germanique (loi XIV)   pâli (loi XIV)
grec (loi VIII)   piémontais (loi XIV)
grec de Palestine (loi XVII)   Pilsen (loi XIV)
grec moderne (loi XIV)   sicilien (lois XIV, XVII)
Sopraselva (loi I)

2° *n* dissimilé par *n* devient *r* :

v. français (loi XVII)
italien (loi XIV)

Lemken (loi XI)
milanais (loi XVII)

3° *n* dissimilé par *n* devient *d* :

andalous (loi XIV)
catalan (loi XIV)
provençal (loi XIV)

v. islandais (loi XI)
Lemken (loi XI)

4° *n* dissimilé par *m* devient *l* :

m. breton (loi XIV)
espagnol (lois XI, XIV)
français (lois VIII, XI, XVII)
grec (loi VIII)
grec moderne (loi XVII)
italien (lois VIII, XI, XVII)
lituanien (loi XVI)

milanais (loi XVII)
padouan (lois XIV, XVII)
portugais (lois VIII, XI, XIV, XVII)
sicilien (loi XVII)
sindhi (loi VIII)
Sopraselva (loi XI)

5° *n* dissimilé par *m* devient *r* :

espagnol (loi XI)
français (lois XI, XVII)
latin (loi XI)
sicilien (loi XI)

lituanien (loi XVI)
milanais (loi XI)
provençal (loi XI)

6° *n* dissimilé par *m* devient *d* :

milanais (loi XVII)
Sopraselva (loi XIV)

Produits de *m*.

1° *m* dissimilé par *m* devient *r* :

catalan (loi VIII)
provençal (loi VIII)

italien (loi XIV)

2° *m* dissimilé par *m* devient *b* :

russe (loi VIII)

3° *m* dissimilé par *n* devient *v* bilabial.

germanique (loi XI)   latin (loi VIII)

4° *m* dissimilé par *n* devient *v* :

arménien (loi XIV)   italien (loi VIII)
Bourberain (loi XI)   Lemken (lois XI, XVII)
m. breton (lois VI, XIV, XVII)   russe (loi XI)
bulgare (loi XI)   serbe (loi XI)
slovène (loi XI)

5° *m* dissimilé par *n* devient *b* :

čèque (loi XI)   grec moderne (loi XVII)
grec (lois VIII, XIV)   Lucques (loi VIII)
slovène (loi XI)

6° *m* dissimilé par *p*, *b*, *v* devient *n* :

čèque (loi VIII)   hindi (loi XIV)
espagnol (loi VIII)   polonais (loi VIII)
français (loi VIII)   Sopraselva (loi VIII)
b. sorabe (loi VIII)

Produit de *b*.

b dissimilé par *b* devient *m* :
grec loi (XI)

Produit de *d*.

1° *d* dissimilé par *t*, *d*, devient *r* :

espagnol (lois VIII, XVII)   portugais (loi VIII)

2° *d* dissimilé par *t* devient *l* :

attique (loi VIII)

Produit de χ.

χ dissimilé par s devient *k* :

allemand (loi XI)

Produit de *qu*.

qu dissimilé par *qu* devient *c* :

latin vulgaire (loi VIII)

Produit de *w* :

w dissimilé par *w* devient *g* :

gotique (loi XI)   norrois (loi XI)

Produits de *j* :

1° *j* dissimilé par *j* devient *g* :

vieux norrois (loi XI)

2° *j* dissimilé par *j* devient *d* :

gotique (loi XI)

3° *j* dissimilé par *j* devient *0* :

italien (loi 11)

Produits de *ż*.

1° *ż* dissimilé par *ż* devient *0* :

italien (loi 11)

2° *ż* dissimilé par *ż*, *č*, *s* devient *j* :

vieux čèque (loi XI)

Produits de *č* :

1° *č* dissimilé par dentale devient *š* :

Damprichard (loi XI   serbe (loi XI)

slovène (loi XI)

2° *č* dissimilé par *c* devient *j* :
vieux *č*èque (loi XI)

Produit de *ǧ*.

ǧ dissimilé par dentale devient *ž* :
Damprichard (loi XI)

Produit de *š*

1° *š* dissimilé par *n'* devient *s* :
italien (loi XVII)

2° *š* dissimilé par *č* devient *s* :
Damprichard (loi XVII)

Produit de *z*.

z dissimilé par *s*, *š* devient *j* :
vieux *č*èque (loi XI)

Produit de *c'*, *s'*.

c', *s'* dissimilés respectivement par *c*, *s*, deviennent *j* :
polonais (loi XI)

VI

DISSIMILATION D'ASPIRATION

La dissimilation d'aspiration existe en grec et en sanskrit : elle s'est établie indépendamment dans chacune de ces langues, et dans chacune elle est, en règle générale, régressive.

A priori on ne voit pas pourquoi la dissimilation d'aspiration ne serait pas soumise aux mêmes lois que celle des autres phonèmes. Il est donc naturel de rechercher s'il est bien vrai qu'elle obéit à une loi qui lui est propre.

Examinons d'abord la question en grec où elle paraît plus variée.

Voici les principales situations dans lesquelles peuvent se trouver les deux aspirations :

1° Elles sont toutes deux intervocaliques ; dissimilation *toujours régressive* (loi XVII) :

τίθημι, ἐτέθην, ἐπύθετο, ἔχω, ἄλοχος, τωθάζω, ἐκεχειρία dans lequel on ne sentait plus ἔχω, τευθίς (cf. 6° θευτίς), etc.

2° La première est intervocalique, la seconde est appuyée ; en vertu de la loi VIII la dissimilation sera *toujours régressive* :

κάρχαρος, παμφαλάω, πομφόλυξ, πενθερός, τονθορύζω, inscr. att. χάλχη, Καλχηδόνιοι, Hérod. Καλχηδόνιοι, etc.

3° Elles sont toutes deux appuyées : la dissimilation sera *toujours régressive* (loi XVIII). Mêmes exemples que sous 2°, après consonne :

πενθερός, etc.

4° La première est combinée, la deuxième intervocalique : dissimilation *régressive* (loi XVI) :

att. τριχός, βάτραχος (cf. infra βύρθαχος), etc.

5° La première est intervocalique, la seconde implosive : dissimilation *régressive* (loi XIII) :

ion. κύθρη, κύθρος, cf. att. χύτρα, χύτρος sous 7°.

6° La première est appuyée, la deuxième intervocalique : dissimilation *progressive* (loi VIII) :

Hérodot. ἐνθαῦτα, Hérodot. ἐνθεῦτεν, Hés. θωτάζω, Hippon. θευτίς, Hés. βύρθακος.

7° La première est intervocalique, la deuxième combinée : dissimilation *progressive* (loi XVI) :

att. φάτνη (cf. infra πάθνη, p. 105), χύτρα, χύτρος, cf. ion. κύθρη, κύθρος sous 5°.

Nous avons vu plus haut dans les *Commentaires* que lorsque les deux phonèmes à considérer se trouvent chacun dans un élément différent d'un composé ou d'un dérivé et que chacun de ces deux éléments est très clair pour le sujet parlant, il ne se produit aucune dissimilation. C'est le cas de :

σχέσθαι, ἐσχέθην, σχέθω, ἐθρέφθην, γρασφοφόρος, καφηφόρος, λοφοφόρος, φωσφόρος, ὀσχοφόρος, πολφοφάκη, βραχυχρόνιος, παχύχυμος, παχύθριξ, βαθύθριξ, ἀρχεθέωρος, ἀμφιχίω, ὀρνιθοθήρας, ἐχύθην, θωμιχθείς, θωχθείς, ἀμφίφαλος, θλιφθείς, ὀρθωθείς, ἐθάλφθην, ἐθέλχθης, ἐχέφρων, φοβηθείς, etc.

Nous avons montré d'autre part *(Observation générale)* que si un seul des deux éléments est resté très clair pour le sujet parlant, et que cet élément soit précisément celui dans lequel se trouve le phonème qui devait être dissimilé, la dissimilation peut être renversée. C'est ce qui explique :

λύθητι, φιλήθητι, τιμήθητι, δηλώθητι, τεθήτι, στάθητι, δόθητι, δείχθητι, etc., Hés. ἀμφίσκω, etc.

Le θ de θη était retenu par toutes les personnes de tous les modes du futur et de l'aoriste passifs, tandis que la désinence -θι était isolée à la 2ᵉ pers. du sing. de l'impératif aor. passif.

Il y a lieu de remarquer d'ailleurs que la dissimilation progressive était régulière dans δείχθητι, διαλέχθητι, πείσθητι, etc., ce qui a pu contribuer à dissimiler progressivement λύθητι, etc.

Il faut noter pourtant que l'on a φάθι (ou φαθί). C'est qu'ici c'est à un impératif actif qu'apparaît la désinence θι. Dans cette situation

elle a été retenue par les autres impératifs actifs en θι qui ne prê-
taient pas à dissimilation. Si *φατι a jamais existé, ce qui est probable, son θ ne pouvait manquer d'être rétabli d'après :

ἴθι, κλῦθι, les deux ἴσθι, γνῶθι, ὄμνυθι, δείδιθι, πῖθι, ἵλαθι, δίδωθι,
τλῆθι, βῆθι, φάνηθι, στῆθι, etc.

Cet aperçu montre nettement que la dissimilation d'aspiration se
fait conformément aux mêmes lois que celle des autres phonèmes.

Il est notoire pourtant que la dissimilation d'aspiration en grec
est surtout régressive et qu'à la basse époque elle est même
uniquement régressive, si l'on fait abstraction de la finale
-θητι.

Différentes considérations rendent parfaitement compte de ces
faits.

Si l'Iliade et l'Odyssée connaissaient la dissimilation des aspirées,
le type *θριχος devait y être *θρικος, en vertu de la coupe des syllabes homérique ; mais nous n'avons aucune indication sur la dissimilation d'aspiration chez Homère.

En attique la dissimilation d'aspiration ne se produit qu'au v° siècle av. J.-C. (cf. Meisterhans, Gr., 78), c'est-à-dire à une époque
où les groupes sont combinés. Dans ces conditions τριχός est seul
possible.

Si l'on veut bien constater en outre que sur les sept positions que
nous avons notées plus haut, cinq donnent lieu à des dissimilations
régressives et que les deux premières, qui sont toujours régressives,
sont représentées dans la proportion de 9 cas sur 10, enfin que la
dissimilation d'aspiration est la seule dont les Grecs aient eu con-
science, on comprendra aisément que le sentiment de la régressivité
constante de la dissimilation d'aspiration se soit établi et généralisé. C'est ce qui explique :

ἀμπίσχω, σκεθρός; dans lequel on ne sentait plus σχεῖν, att. ἐνταῦθα,
ἐντεῦθεν, gr. tardif πάθνη, etc.

Quelques mots ont subi des influences analogiques :

ταράσσειν d'après ταραχή, cf. θρύσσειν.

πεύσομαι d'après πυνθάνομαι, ἐπυθόμην.

πίστις d'après πείθω, ἔπιθον, πιθανός.

etc., etc.

Reste la question examinée par M. Osthoff (Perf., p. 305, sqq.) : qu'est-ce qui se produit lorsqu'un mot contient trois aspirées ou davantage ? *La question n'existe pas,* parce qu'il n'y a pas de mot simple qui se trouve dans ces conditions. Dans un mot composé ou dérivé si tous les termes sont étymologiquement clairs il n'y a pas de dissimilation ; chaque élément est traité comme lorsqu'il est isolé : ἐχέφρων. Si l'un des termes n'est pas clair, c'est chez lui que se produit la dissimilation : ἐκεχειρία, λύθητι. Si le mot est à redoublement, le redoublement perd son aspiration en vertu d'une des lois examinées plus haut, et le reste du mot est traité de différentes manières suivant les cas : πέποιθα, τέθητι, τέθραφθαι. On a -ποιθα d'après πείθω, -θητι en vertu de l'*Observation générale,* τέ-θραφθαι d'après τέ-θραμμαι, τέ-θραψαι, etc. Supposons d'ailleurs une forme *φεφοιθα, et qu'elle devienne tout d'abord *πεφοιθα : le φ n'étant retenu par aucune forme de la conjugaison deviendra π par une nouvelle dissimilation. Supposons qu'elle devienne *φεποιθα ; le φ sera encore dissimilé par le θ comme il l'aurait été dans un *φεποιθα primitif ; et si par impossible *φεποιθα résistait à la dissimilation il deviendrait πέποιθν grâce au sentiment du redoublement. Ce sentiment, comme nous le verrons à la *3° partie,* tend d'une part à assimiler les initiales de deux syllabes consécutives dont l'une est le redoublement de l'autre, et d'autre part il ne permet pas que la consonne initiale de la syllabe redoublante contienne plus d'éléments que la consonne initiale de la syllabe redoublée : elle peut en contenir autant ou moins. .

Le sanskrit a généralisé encore plus que le grec la dissimilation d'aspiration régressive : *drôghas,* cf. v. isl. *draugr* « spectre », comme *dádhāti* « il place » de racine *dhē-,* cf. gr. θήσω, *kumbhás* « pot » = *khumbhás* = zd. *xumba-,* etc.

Il n'est pas démontrable que le sanskrit ait possédé la dissimilation d'aspiration variée que nous avons trouvée en grec ; mais il y a tout lieu de le croire. Pour le reste en effet le sanskrit se comporte comme le grec : quand les deux éléments d'un composé ou d'un dérivé sont très clairs, il ne dissimile généralement pas : dat. pl. *khēbhyas* « bouches, oreilles », instr. pl. *pathibhis* « chemins » doivent la conservation de leur première aspiration aux cas de la déclinaison où il n'y avait pas lieu à dissimilation. Les deux aspirations de *abhi-bhūtis* « force supérieure », *garbha-dhis* « nid », *ahi-hán-* « tueur de serpents » ont été retenues par chacun des deux termes (Brugmann, Grr., I, 352, 356). La dissimiation progressive de la désinence d'impératif-*dhi* en vertu de *l'Observation générale*, n'existe pas en sanskrit, parce que cette langue n'a pas l'équivalent de la finale *-θηθι, et que -*dhi* se trouve toujours chez elle dans les mêmes conditions qu'en grec dans φάθι, ἴσθι.

DEUXIÈME PARTIE

MÊMES EFFETS, CAUSES DIFFÉRENTES

On a trouvé dans la partie précédente avec un certain nombre
d'exemples nouveaux la plupart de ceux qui sont cités un peu partout. Mais on a pu remarquer aussi l'absence de certains autres
qui sont également signalés çà et là. C'est que, sans parler de ceux
qui ont pu nous échapper, ils doivent à notre sens recevoir une
autre explication.

Les lois de la dissimilation sont, comme nous l'avons vu, pour
chaque langue dans laquelle elles existent des lois phonétiques,
c'est-à-dire des lois qui président à l'évolution des sons, leur impo-
sant telle modification d'une manière constante et absolue, toutes
les fois qu'une circonstance particulière ne vient pas les empêcher
d'agir. Mais les lois phonétiques ne sont pas le seul agent de l'évolution des langues ; il y a d'autres causes qui produisent des changements dans les mots : à côté de *l'évolution du son* qui est l'objet de la phonétique, il y a *l'évolution du mot* qui en est dans une
certaine mesure indépendante. Lorsqu'un mot présente quelque
ressemblance phonique ou sémantique avec un autre ou un groupe
d'autres, il peut subir l'influence de cet autre de différentes manières. Il peut lui emprunter un ou plusieurs phonèmes isolés et
les introduire dans son corps, sans rien perdre de ceux qu'il possédait déjà ou en échange de quelques-uns des phonèmes qui lui
appartenaient primitivement. Il peut lui emprunter un préfixe, un
suffixe, plusieurs syllabes consécutives ; il peut même se mêler
avec lui de façon que les deux mots n'en font plus qu'un. Ces différents phénomènes sont connus sous les noms d'étymologie populaire, croisement, analogie, etc.

Quelques exemples rendront plus nette la différence qu'il y a
entre l'évolution du son et l'évolution du mot.

Si nous disons : *e* ouvert tonique libre du latin vulgaire devient *ie* en français, — ou bien : *ttr* intervocalique devient *str* en latin, — ou bien encore : *i* germanique devient *e* en vieux haut allemand quand il y a u.i *a*, un *e* ou un *o* dans la syllabe suivante, — dans ces trois cas nous énonçons une loi relative à l'évolution du son. La première ne considère qu'un seul phonème, la seconde trois phonèmes contigus et la troisième montre un phonème sous la dépendance d'un autre avec lequel il n'est pas en contact immédiat. Quand nous énonçons ces lois nous ne prenons pas plus en considération les mots *pied, claustrum, wehsal* que tous autres, parce qu'elles sont indépendantes des mots sur lesquels elles agissent et rentrent dans la formule générale des lois : toutes les fois que tel cas se présente, tel phénomène se produit.

D'autre part si nous disons : le mot italien *palafreno* doit son *n* au lieu de *d* à l'influence de *freno*, nous n'énonçons pas une loi, mais un fait particulier. C'est parce qu'une association d'idées est possible entre le *mors* et le *cheval* et parce qu'en outre aucun élément du mot **palafredo* n'était clair pour un Italien, que *freno* a pu prendre la place de *-fredo*. Mais il ne résulte nullement de ce fait qu'un autre *-fredo* doive devenir aussi *-freno* en italien.

Les changements produits dans les mots par l'étymologie populaire, les rapprochements savants, les calembours, l'analogie, les croisements de mots sont souvent comparables à ceux qui sont dus à la dissimilation. C'est ce qui explique que l'on ait pu se tromper quelquefois sur la cause réelle de la modification.

Nous allons passer en revue les mots qui ont été cités à tort, à notre jugement, pour des exemples de dissimilation et quelques autres que nous n'avons pas vu signaler, mais qui auraient pu l'être. Nous les clas rons d'après les modifications qu'ils ont subies, et dans chaque catégorie nous citerons également quelques exemples, connus ou nouveaux, de mots qui ont éprouvé le même phénomène mais dans lesquels il est absolument impossible de songer à une dissimilation. Le lecteur aura ainsi sous la main quelques mots montrant que l'explication du phénomène considéré n'a pas été inventée tout exprès pour écarter des exemples gênants.

1° *l* est remplacé par *r* ou vice versa :

Fr. *pourpier* de *pulli-pede* doit son premier *r* à l'influence de *pourpre*, car l'espèce la plus répandue du pourpier des jardins, dit « grandiflore », donne des fleurs d'un violet purpurin. Quant à la finale *-ier* elle est due à un de ces rapprochements « savants » qui modifient l'orthographe d'un mot sans en changer la prononciation, comme celle qui a introduit un *d* dans le mot *poids* = *pesu*, d'après *pondus*. Cette finale *-ier* a été empruntée à *pommier*, *poirier, sorbier, prunier, olivier,* etc.

Lat. *lemuria* devient *remoria* sous la double influence de

Remus et de *remora*. Voir l'explication dans O. Keller, Lat. volks., p. 40-41.

Esp. *tinieblas* « ténèbres » doit son *l* pour *r* à *nieblas* « brouillard ».

Ital. *veruno* « personne » = *rel 'uno* doit son *r* à *vernullo* qui n'existe plus en italien moderne, mais existait en vieil italien à côté de *veruno*.

Esp. *taladro* « tarière » = *taratrum* + *talar*.

Gr. λείριον, lat. *lilium*. Si λείριον est pour *λέλιον comme le pense Prellwitz (Et. wœrt.), ce qui n'est nullement démontré, il doit son ρ à l'influence de λειρός. Mais il ne faut pas oublier que d'un primitif λείριον le latin aurait pu faire *lilium* soit parce qu'il ne connaît pas le suffixe *-rio*, soit par le sentiment d'un redoublement (cf. infra les effets du redoublement).

Gr. ἀργαλέος = *ἀλγαλεος, donné comme dissimilation par M. F. de Saussure (MSL, VI, 78), doit son ρ à l'influence de ἀργός, combinée avec le fait que le suffixe *-ριος n'existe pas. Voir sur ce dernier point Bechtel, Ass. und diss., p. 16.

Mha. *armuosen* pour *almuosen* d'après *arm* « pauvre » (Andresen, Deutsche volkset., p. 85).

Fr. *courte-pointe* de *culcita puncta* « couverture piquée » (H. Gaidoz, R. Crit., XVI, p. 131) Il n'y a dans ce cas aucun rapport de sens mais simplement analogie phonique.

Fr. *armet* « casque », diminutif de v. fr. *healme, helme, halme*, fr. mod. *heaume*, d'après *arme* (Fass, Rom. forsch., p. 495).

Gr. 'Αλερία. M. L. Havet après Angermann et Corssen cite le lat. *Aleria* comme exemple de dissimilation (MSL, VI, 27). La forme latine *Aleria* n'est autre chose que le mot grec 'Αλερία, forme tardive ayant remplacé 'Αλαλία, 'Αλαλίη par étymologie populaire : cf. ἀλέρον·κόπρον Hés. Ce qui nous garantit absolument l'étymologie populaire c'est la loi XVII et la présence de l'ε.

Gr. Θρυαξίη. M. Bréal (MSL, VII, 188) pense que Θρυαξίη est

postérieur à Τρωαχρία et en est sorti par dissimilation. Voir en dernier lieu sur la question K. Brugmann, Idg. forsch., III, p. 261 sqq. En réalité Τρωαχρία est bien postérieur à Θρωχχίη et dû simplement à une étymologie populaire « savante ».

Dampr. *môtar* « belette » à côté de *môtal*. La seconde forme = *mustela* est la plus usitée. La première doit son *r* à l'influence de *lar* « loutre ». Le seul trait commun qu'il y ait entre ces deux mots, c'est qu'ils désignent tous deux des animaux non domestiques ayant des noms qui ne ressemblent pas aux mots français ; un rapport aussi faible suffit pour déterminer une étymologie populaire. L'existence côte à côte de la forme phonétique et de la forme altérée est une marque bien nette d'étymologie populaire : lorsqu'une forme sort d'une autre par évolution phonétique la première ne peut pas subsister puisqu'elle *devient* la seconde. Mais l'altération que tel ou tel groupe de personnes fait subir à un mot par étymologie populaire est un hasard, non pas une loi, et il n'y a souvent aucune raison pour qu'elle devienne générale.

Polon. *welbrąd*, forme rare à côté de *welbląd*, doit sans doute son *r* à l'influence d'un autre mot, peut-être *brunatny, brunak* « braunschimmel » ; nous signalons ce mot aux spécialistes. Il ne peut pas devoir sa forme à une dissimilation : 1° parce que *welbląd* existe ; 2° parce qu'il est en contradiction formelle avec la loi XII.

Gr. Ἁλίαρτος passe pour être sorti de Ἀρίαρτος par dissimilation. Mais la forme Ἁλίαρτος se trouve un peu partout, déjà même dans l'Iliade, tandis que Ἀρίαρτος ne paraît que chez Étienne de Byzance d'après Arménidas ; Ἀρίαρτος semble donc postérieur.

Esp. *nispero* « nèfle ». Les Espagnols ont une pomme qui a la forme d'une poire et qu'ils appellent *pero*. Comme la nèfle n'est ni une pomme ni une poire et ressemble à toutes deux, ils ont tout naturellement remplacé la finale *-pelo* qui n'avait pas de sens pour eux par le mot *pero* qui en offrait un très clair. La première syllabe *nis-*, qui ne présente pas de sens par elle-même, est alors en quelque sorte l'épithète déterminative, la caractéristique de l'espèce : ce n'est pas *el bueno pero* ni *el grande pero*, c'est *el nispero*.

Esp. *coronel*, v. fr. *coronel*, angl. *colonel* qui se prononce *curnel* désignent celui qui commande une *colonne* d'armée et peuvent être dus à une dissimilation en vertu de la loi XIV. Mais il est certain qu'on a senti dans ces mots le mot *couronne*; le v. fr. *coronel, couronnel* l'indique nettement par son vocalisme. La question est de savoir si le changement du premier *l* en *r* est dû à l'influence du mot *couronne*, ou si ce n'est qu'après ce changement, dû alors à la dissimilation, qu'on a senti un rapport entre *coronel* et *couronne, corona*.

Esp. *recluta* « recrue » doit son *l* à *recluir* et non à une dissimilation. Sans doute les recrues ne sont pas mises en « réclusion »; mais le fait qu'un jeune soldat est arraché à la vie civile, caserné et enfermé dans les cadres de l'armée suffit à justifier cette étymologie populaire.

Fr. popul. *célébral* « cérébral », ital., esp. *celebro* « cerveau » ne sont pas des dissimilations. Ils ont été influencés par *célèbre, celebre*, bien qu'ils n'aient aucun rapport de sens avec ces mots : il y a eu simplement analogie phonique, ces mots n'étant pas compris du peuple parce qu'ils sont savants. Il est bon de noter qu'en italien et en espagnol la forme *cerebrale, cerebral* où une dissimilation serait régulière n'en présente pas, précisément parce que ce mot est savant.

Fr. popul. *créantèle* « clientèle » est le résultat du mélange de *créance* avec *clientèle*. La phrase suivante, entendue en Franche-Comté, explique bien cette étymologie populaire. Il s'agissait d'un marchand de vins : « Oh ! disait-on, il avait bien la *confiance* dans le pays ; c'est lui qui avait toute la bonne créantèle. »

Gr. λήθαργος signifie-t-il primitivement « celui qui n'a plus le sentiment de la douleur, qui est en état d'anesthésie ? » Dans ce cas il représenterait *Ἀληθαλγος et comme à l'époque historique ce mot signifie simplement «oublieux, lent, paresseux », c'est évidemment au mot ἀργός « inactif, lent, paresseux » qu'il devrait son ρ.

Milan. *linghéra* à côté de *ringhéra* (ital. *ringhiera* «galerie, balcon») est cité comme exemple de dissimilation par Salvioni (Fonetica del dialetto di Milano, p. 190). Il doit son *l* à l'influence de *lingér* « léger ».

Ital. *albatro,* cité comme dissimilation par M. Meyer-Lübke (ital. gr., p. 162), signifie « alisier blanc, arbousier » et est dérivé de *arbor* avec l'influence de *albo ;* cf. sur les représentants de *arbore* le *Commentaire I.*

V. fr. *contralier,* cité comme dissimilation par M. Meyer-Lübke, Gr. rom. I, 513, n'est pas le même mot que *contrarier* et ne présente pas de dissimilation. Voir sur ce mot MSL, VIII, p. 340-341.

Esp. *Bernaldo* pour *Bernardo* n'est pas une dissimilation, mais doit son *l* à l'influence d'autres noms propres, tels que *Arnaldo, Reinaldo,* etc.

V. gén. *Catalina* (Flechia, Arch. glott. it., X, 152) doit son *l* à *Carolina.*

Gr. γλώσσαλγος «bavard» est un jeu de mots ; nous disons de même de quelqu'un qu'il a ou qu'il n'a pas *mal à la langue ;* la phrase négative et la phrase positive ont exactement le même sens. Γλωσσαργία n'est pas une dissimilation, mais un autre jeu de mots : nous disons de même d'un bavard qu'il a ou qu'il n'a pas la *langue fatiguée.*

Gr. λαίμαργος «glouton» est de même «celui qui n'a pas mal au gosier», puis «celui qui n'a pas le gosier fatigué ». L'étymologie *λαιμο-μαργος que l'on a proposée ne convient pas pour le sens, car μάργος signifie « fou, insensé, orgueilleux ».

Gr. στόμαργος « bavard » n'est pas non plus sorti de *στομα-μαργος comme le veut M. Brugmann, Grr. I, 484. Στομαλγής, στομαλγία, στόμαλγος existent avec l'idée de « mal à la bouche » au sens propre, et avec le sens dérivé de « bavardage ».

Ital. *valicare,* à côté de *varicare, varcare* est donné comme dissimilation par Caix (Studj di et. it. e rom., p. 186). *Varcare* signifie « passare » tandis que *valicare* veut dire « passare alti monti, aller par monts et par vaux ». Ce dernier mot a subi l'influence de *valle*.

Lat. vulg. *lusciniolu* est représenté en v. ital. par *lusignuolo*, ital. *usignuolo* qui est la même forme l'*l* initial ayant été confondu avec l'article, v. fr. *lousignol*. A côté de ces formes les langues romanes présentent les suivantes qui commencent par *r* : ital. *rosignuolo*, prov. *rossignol*, fr. *rossignol*, cat. *rossinyol*, v. esp. *roseñol*, esp. *ruiseñor*, port. *rouxinhol*. On explique cet *r* par une dissimilation, et nous ne saurions prouver que ce soit à tort ; l'ital. *rosignuolo* serait une application de la loi XVII et les autres formes une application de la loi XIV. Mais nous serions plutôt porté à voir dans l'*r* de ces formes l'influence d'un autre mot. Les mots signifiant « hirondelle » auraient influé sur celui qui désigne le « rossignol ». Cette étymologie populaire se serait produite indépendamment dans les diverses langues romanes. Toutefois il ne serait pas impossible qu'une forme avec *r* remontât à l'unité hispano-portugaise et provenço-catalane ; mais rien ne nous permet de le démontrer. Le fait qu'en espagnol « hirondelle » se dit *golondrina* ne serait même pas un argument en faveur de cette hypothèse puisque l'*l* de cette forme est relativement récent, tandis que l'*r* de *roseñol* est très ancien. Cette étymologie populaire provient de ce que l'hirondelle et le rossignol sont souvent associés dans l'esprit de tout le monde, poètes, paysans et citadins. Pour ce qui concerne la littérature grecque il suffira de rappeler la fable de Philomèle et Progné. Pour la littérature française nous nous bornerons à citer la phrase suivante de Bernardin de Saint-Pierre qui nous tombe sous la main : « Nous attendons chaque hiver que l'hirondelle et le rossignol nous annoncent le retour des beaux jours ». Qui voudrait dépouiller les littératures à ce point de vue ferait une ample moisson. Tout le monde sait que le « rossignol de muraille » (rubiette rouge-queue) fait partie de la demeure du paysan, comme de celle du citadin, au même titre que l'hirondelle. Notons enfin que les naturalistes distinguent aujourd'hui le « rossignol philomèle » et le « rossignol progné ». Voilà pour ce qui concerne l'*r* initial ; mais les Espagnols ne se sont pas tenus à leur vieille forme *roseñol :* ils l'ont transformée en *ruiseñor* par une nouvelle étymologie populaire très complexe.

2° *l* est remplacé par *n* ou vice versa :

Gr. πνεύμων pour πλεύμων « poumon » doit son premier ν à l'influence de πνέω, πνεῦμα (Curtius). Cf. lat. *pulmo,* lit. *plaũcziai,* « poumons », v. pruss. *plauti,* v. sl. *plušta.*

Esp. *domellar* « amollir, fléchir » à côté de *domeñar,* n'est pas le résultat d'une dissimilation, comme le veut M. Meyer-Lübke (Gr. rom., I, 513), mais a subi l'influence de *muelle* « mou, tendre, délicat ».

Fr. popul. *linas* pour *lilas,* d'après le nom propre *Lina.* On voit volontiers des noms propres de personnes dans les noms de fleurs ou de plantes à cause de *Marguerite, Rose,* etc., qui sont à la fois noms de personnes et noms de plantes.

Esp. *mortandad* pour *mortaldad,* doit son *n* non à une dissimilation, mais à l'influence de mots tels que *cristiandad.*

Esp. *comulgar* « communier » cité comme dissimilation par M. Meyer-Lübke (Gr. rom., I, 513) doit son *l* au lieu de *n* à l'influence de *promulgar* « promulguer, donner au public ».

Ital. *montone* « bélier » doit son premier *n* à l'influence de *montare* « saillir, couvrir ». On a songé à y voir le même phénomène que dans gr. φίντατος, βέντιστος, ἐνθεῖν, etc., phénomène qui est surtout fréquent dans certains dialectes de Sicile, et que quelques-uns considèrent comme une dissimilation. Mais en grec nous avons affaire à une loi phonétique, tandis que *montone* est un cas isolé, ce qui est la caractéristique indubitable d'une étymologie populaire. La loi grecque s'explique, non par une dissimilation, mais par un phénomène de préparation : l'occlusion nécessaire pour la prononciation du *t* est déjà faite au moment de prononcer l'*l*, cf.

Commentaire XI, *ββ* > *μβ*. — Ce phénomène de préparation se retrouve dans plusieurs autres langues, par exemple en breton moderne, dialecte de Léon : « *kontel* «couteau » de *cultellum ; kentr* « éperon » = **cal[ci]tron* » (H. d'Arbois de Jubainville, MSL, IV, p. 267). — Il est possible que la même loi ait existé dans quelque dialecte du latin vulgaire, car la forme *muntum* est livrée plusieurs fois (Schuchardt, Vocalismus) et l'appendice de Probus enseigne qu'il faut prononcer *cultellum* et non *cuntellum* (K., IV, 197, 24).

Lat. vulg. *mŭlgere* qui donne régulièrement en sarde *mulliri*, en prov. *molser*, etc. est représenté en port. par *mungir*, en cat. par *munyir*, en ital. par *mungere*, en piém. par *monse*. Ce n'est pas une dissimilation. Les formes présentant un *n* ont subi l'influence des verbes en *-ngere* tels que port. *ungir, jungir,* esp. *ungir, pungir,* ital *ungere, pungere,* etc. = lat. *ungere, pungere, iungere* (Grœber, Archiv. f. lat. lex., IV, p. 124).

3° *l* est remplacé par *d* ou vice versa :

Lat. *mālus* « le mât » pour **mădus* d'après *pālus* « le poteau ».

Lit. *lëžùwis* d'après *lëžiù* (Bechtel, Ass. und diss., p. 21).

Esp. *olor* « odeur » doit son *l* à l'influence de *oler* « sentir ».

Esp. *cola* « queue » paraît devoir son *l* à l'influence de *culo*, cf. Revue Bourguignonne, V, p. 183. Phonétiquement le *d* intervocalique devait tomber sans laisser de trace, v. esp. *coa*.

Ital. *vedetta* = v. it. *veletta* (de l'esp. *vela*) + *vedere* (Caix, Studj di et. it. e rom., p. 192).

Campob. *velleñia* « vindemia » cité comme dissimilation par d'Ovidio (Arch. glott. it., IV, 161 et 414) doit son *ll* à l'influence de *vellere, svellere*.

Voir d'ailleurs pour l'échange de *d* et de *l* l'*Observation générale*, s. v. *Madrileño*.

4° *r* est remplacé par *d* ou vice-versa :

Ital. *armadio* « armoire » à côté de *armario* paraît devoir son *d* à *madia* « huche, armoire à pain ».

Lat. *meridies* de **medidies*. Le premier *d* avait une tendance à être dissimilé par le second en vertu de la loi XVII. Cette tendance a été favorisée par le mot *merus* (Wœlfflin, Arch. f. lat. lex., VII, 606).

Lat. vulg. *maredus = madidus*. Même tendance à dissimilation que dans **medidies*, favorisée par le mot *mare* (O. Keller, Zur lat. sprachgesch., I, 72).

Ital. *chiedere* « demander » est cité comme dissimilation par M. Meyer-Lübke (ital. gr.,p. 162). *Chiedere* qui a pour part. passé *chiesto* a été refait sur le modèle de *vedere : visto*. Cette explication m'est suggérée par M. A. Meillet. Elle s'applique de même à *conquidere, conquisto*. *Intridere* dont le p. p. est *intriso* a été refait sur le modèle de *chiudere : chiuso, decidere : deciso, deludere : deluso, intrudere : intruso, ledere : leso, radere : raso, recidere : reciso, ridere : riso, rodere : roso*, etc. Quant à *fiedere* « frapper » que M. Meyer-Lübke cite au même endroit comme dissimilation, la conjugaison m'en est inconnue; mais c'est évidemment une formation analogique.

5ⁿ *d* est remplacé par *n* ou vice versa :

Ital. *pernice* « perdrix » pour *perdice*, d'après *cotornice* « caille ».

Ital. *benenetto = benedetto*, cité comme assimilation par Caix, Rivista di fil. rom., II, 73, doit son second *n* à *netto*.

Ital. *rendere*, fr. *rendre*, esp. *rendir = reddere + prendere* (Meyer-Lübke, ital. gr., p. 171).

6° *n* est remplacé par *m* ou vice versa :

Fr. popul. *pantomine = pantomime + mine*.

Fr. popul. *chamoine = chanoine + moine*.

Esp. La forme populaire *mos* « nous » pour *nos* doit son *m* à l'influence de *me* « moi » et aussi à la finale de la première personne du pluriel : *tenia usted =* « aviez—vous », *tenia-mos =* « avions—nous »; de pareils rapprochements naît bien vite le sentiment que *usted* signifie « vous » et *-mos* « nous ». Ce rapprochement se produit d'ailleurs à plusieurs temps de la conjugaison : *compra usted : compramos, compraba usted : compraba-*

mos, compre V. : *compremos, comprase* V. : *comprasemos, compraria* V. : *comprariamos,* etc. Même lorsqu'il y a une légère différence entre ce qui précède *usted* et ce qui précède *-mos*, le rapport ne reste pas moins sensible : *comprará usted : compraremos.*

Ital. *nicchio = mytilus + nido* (Meyer-Lübke, ital. gr., p. 98).

Lat. vulg. *matta* « natte » et *natta*. Cette dernière forme est sortie de la première sous la double influence de *nappa* et de *nexus ;* de là fr. *natte*, prov. *natta* « couverture ». Le mot qui signifie « crème, lait caillé, mauvais fromage » est peut-être le même (cf. Kœrting) : esp., port., cat. *nata*, lomb. *natta*. A côté de la forme avec *n* il y a la forme avec *m* pour ce second sens : fr. *mate, matte, maton* « lait caillé », comme pour le premier : ital. *matta* « natte ».

7° *m* est remplacé par *v, b* ou vice versa :

Ital. *moventaneo* « momentané » à côté de la forme plus fréquente *momentaneo* est généralement cité comme un exemple de dissimilation (cf. p. ex. Meyer-Lübke, ital. gr., p. 163). En réalité ce mot doit son *v* à *movenza* « mouvement, » ce qui est momentané étant compris comme ce qui se fait en un mouvement, en un tour de main.

Esp. *vagamundo = vagabundus + mundo* (Caix, Studj di et. it. e rom., p. 193).

Ags. *heofon* « ciel », angl. *heaven*, v. sax. *hëban*, à côté de got. *himins*, v. norr. *himenn*, ne doivent par leur *f, v,* b à une dissimilation, mais aux cas où l'*m* était en contact avec l'*n*, cf. loi XI, p. 53.

Lat. *dubenus* « dominus » (Fest.). On a longtemps considéré ce mot comme sorti de *dominus* par dissimilation (Corssen, KZ, II, 17) ; mais le vocalisme fait difficulté, le latin ne connaît pas la formule : *m-n* intervocaliques deviennent *b-n*, et il existe une autre glose : *dubius* « δεσπότης ». Corssen lui-même changea d'opinion au sujet de ce mot et finit par croire qu'il était d'origine celtique (Kritische nachtræge, p. 185) et que c'était le même mot qui constitue le premier terme de *Dubno-rīx*, etc. Avec raison. Cet emprunt a été fait aux Celtes par les Latins à une époque où il n'y avait plus d'aspirées en celtique. C'est le même mot que lit. *dubùs*, got. *diups*, all. *tief* qui signifient « profond » et par extension « haut, grand » ; cf. à ce sujet H. d'Arbois de Jubainville, Les Noms gaulois, p. 51. Qu'un adjectif signifiant « haut, grand » puisse devenir un substantif signifiant « maître », l'allemand *herr* qui est le comparatif de *hehr* « élevé » nous le montre nettement.

8° Un phonème ou un groupe de phonèmes est supprimé ou ajouté :

Gr. φαιδυντής sur des inscriptions tardives pour φαιδρυντής. Φαιδρυντήρ, φαιδρύντρια donnaient régulièrement par dissimilation *φαιδυντηρ, *φαιδυντρια ; c'est d'après ces formes qu'on a fait un φαιδυντής sans ρ (G. Meyer, Gr. gr., p. 292).

Gr. φατρία de φρατρία (F. de Saussure, MSL, VI, 78) est une forme tardive (Héliod.) qui paraît avoir perdu son premier ρ sous l'influence du mot πατρία, avec lequel les grammairiens le comparent continuellement.

Gr. ὀρθαγορίσκος de ὀρθραγορίσκος, ὀρθογόη de ὀρθρογόη, ὀρθολάλος de ὀρθρολάλος, ὀρθιάζειν · μαντεύεσθαι Hés. de ὀρθριάζειν, Ὄρθος « le chien de Géryon » de Ὄρθρος (J. Schmidt, KZ, XXXIII, 456-457) ont tous perdu leur second ρ sous l'influence du mot beaucoup plus employé ὀρθός.

Ital. *arletico* = *artritico* cité comme dissimilation par Caix (Studj di et. it. e rom., p. 189) est un mot savant et non compris du peuple. Il suffit donc pour qu'on l'altère qu'il rappelle phoniquement un autre mot plus connu. Il doit la chute de son second *r* à l'influence de *artéria*, autre mot médical, qui n'a aucun rapport de sens avec lui, mais lui ressemble phoniquement et est plus connu.

Esp. *temblar* « trembler », *temblor* « tremblement » cités comme dissimilations par M. Meyer-Lübke, Gr. rom., 1, 518, ont perdu leur *r* sous l'influence du mot *temer* « craindre » (Ascoli, Arch. glott. it., XI, p. 447).

Fr. Ch. Nisard dans son Etude sur le langage populaire cite un certain nombre de mots à finale en *occl.*-|-*re, occl.*-|-*le* qui perdent dans ce langage l'*r* ou l'*l* de cette finale : *arbe, chambe, vive, libe, prope, vende, pende, maite, traîte, théâte* (p. 253), — *cerque, couverque, bésiques, artique, ostaque, onque* (oncle), *oraque, pinaque, speclaque* (p. 199), — *giffe, morniffe, giroffe, marouffe* (p. 201), — *tringue* (tringle), *épingue* (p. 203), — *trèfe, nèfe, peupe, aimabe, capabe, risibe, horribe, ensembe, humbe, simpe, nobe* (p. 252). E. Agnel, De l'influence du langage populaire sur la forme de certains mots de la langue française, Paris, 1870, explique (p. 51) *contrôler* (= contre rôler) par les mots populaires tels que *conte-rivure* « plaque de fer qu'on met entre le bois et une rivure », *conte-riposte* (terme d'escrime), *conte-révolution*. Dans toutes ces formes il n'y a lieu de chercher ni un changement de suffixe ou de finale ni une dissimilation ; elles sont toutes dues à un phénomène que nous avons expliqué en détail dans notre « loi des trois consonnes» (MSL, VIII, p. 75 sqq.).

Lat. *Cerealia* = **Cereralia* (Wœlfflin, Arch. f. lat. lex., IV, p. 10). Cette explication est impossible parce qu'une liquide intervocalique dissimilée ne disparaît pas complètement. *Cerealia* est une formation analogique. A côté de mots tels que *naualis, uolgarius, ordinarius, panarium, mensarius*, il y en avait en latin d'autres tels que *tumultuarius, auiarius, retiarius, pegmaris*, etc. qui donnaient naissance au sentiment que les suffixes *-aris, -alis, -arius* s'ajoutaient au nominatif moins l's, caractéristique de ce cas.

Lat. *laterna* = *lanterna* + *lateo* (O. Keller, Lat. volks., p. 98).

Ital. *avello, usignuolo*, cités comme dissimilations par M. Meyer-Lübke (ital. gr., p. 114, § 105), n'en sont pas plus que les autres exemples qu'il cite au même §.

Lat. tardif *circellio* provenant de *circumcellio* d'après *circellus* (O. Keller, Lat. volks., p. 45).

Fr. *ombrelle* = *umbella* + *ombre* (O. Roll, Ueber den einfluss der volksetymologie, p. 22).

Fr. *cheville*, ital. *cavicchia* = *cavicla* sorti de *clavicula* sous l'influence de *capicla* d'où M. G. Paris voulait tirer *cheville* (Rom., V. p. 382). — C'est le mélange de ces deux mots qui explique aussi en espagnol les doublets *cabilla* : *clavija, cabillero* : *clavigero*.

Esp. *alondra* « alouette » pour *alodra* doit son *n* à *golondrina* « hirondelle ».

Fr. *anormal* = *anomal* + *normal* (H. Gaidoz, Rev. Crit., XVI, p. 131).

Romg. *piantoflu* = *pantofla* + *pianta* (Meyer-Lübke, ital.-gr., p. 171).

Fr. popul. *généralogie* pour *généalogie*, d'après *génération, générique*.

Fr. popul. *sabottière* = *sorbettière* + *sabot*. Il n'y a aucun rapport de sens entre ces deux mots; mais *sorbettière* n'était pas compris parce que les sorbets sont très peu connus en France où on les remplace par des glaces; c'est pourquoi l'analogie phonique a suffi.

Fr. *choucroute* est sorti du bas allemand *sûrkrût*, devenu *sûkrût* en vertu de la loi XII, sous l'influence du mot *chou*.

Ital. *comignolo* « faîte » où l'on voit généralement une dissimilation (Meyer-Lübke, ital. gr., p. 164), doit la perte de son premier *l* à la confusion, commune à presque toutes les langues romanes, entre *colmo* et *cumulo*.

Fr. popul. *fil* « verrue pensile » pour *fic* (*ficus*). On prononce *fi* avec le sens de « verrue » en Bourgogne, en Franche-Comté, dans la Bresse, l'Yonne, le Morvan, l'Aunis, la Saintonge. Le nom de la maladie des bœufs et des vaches appelée *fi* ou *fil* est le même mot. Godefroy cite des exemples où il est écrit *fi*, *fy* et *fil* ; de même Lacurne de Sainte-Palaye. Littré au mot *fic* indique comme prononciation *fik*. Tel est en effet l'usage des médecins comme j'ai été à même de le vérifier dans les hôpitaux de Paris ; mais c'est une prononciation « savante », calquée sur l'orthographe. Dans tous les patois et dans le fr. popul. d'une manière générale on dit *fi*. Seulement dans les mêmes patois *fil* (filum) a aussi la forme *fi ;* comme le peuple sait bien que *fi* « filum » est *fil* en français, il prononce aussi *fil* le mot *fi* « ficus » toutes les fois qu'il veut parler français. Il y est invité par le fait que la verrue pensile présente à l'endroit où elle est attachée à la peau une sorte d'étranglement que l'on peut comparer à un fil.

Il arrive souvent qu'un suffixe ou un préfixe fréquent vienne prendre la place d'un suffixe ou d'un préfixe plus rare, ou même d'une finale ou d'une initiale incomprise. La modification introduite par là dans le mot est très souvent analogue à celles que produit la dissimilation.

Esp. L'article arabe *al* s'est introduit à l'initiale d'un grand nombre de mots : *almario* « armoire » à côté de *armario*, *almuerzo* de **admorsu*, *almendra* « amande » , etc. Dans ce dernier la finale a en outre subi l'influence des mots en -*ndra*, -*ndre* comme *golondra*, *liendre*, *landre*.

Esp. *estrameña* à côté de *estameña* sous l'influence des nombreux mots commençant par *estra-*.

Esp. *reclarar* = *declarar*, *resertor* = *desertor* (préfixe *re-*).

Ital. *inverno*, esp. *invierno* d'après l'initiale fréquente *in-*.

Vha., v. sax. *himil* à côté de got. *himins*, vha. *kumil* à côté de vha. *kumin* de lat. *cuminum* ne présentent pas de dissimilation ; il y a eu changement de suffixe, comme dans got. *asilus* de lat. *asinus*, got. *katils* de lat. *catinus*, vha. *orgela* à côté de *organa*, mha. *orgel* à côté de *orgene* de lat. *organa*, mha. *kuchel* à côté de vha. *kuhhina* de lat. *coquina*, vha. *lagila* de lat. *legena*, vha. *wirtil* à côté de v. sl. *vrěteno* (cf. Noreen, Abriss d. urgerm. lautl., p. 142 et Paul's Grr., 1, p. 333, 15).

Lat. tard. *senexter* au lieu de *sinister* d'après *dexter* (Brugmann, Grr., II, 129).

Lat. *meridionalis* d'après *septentrionalis*, all. dial. *morgend* d'après *abend*, gr. κάπρκινα, λύκαινα d'après λέκινα, sk. gén. *pátyur* d'après *pitúr*, gr. tard. φάρυγξ, pour φάρυξ d'après λάρυγξ (Brugmann, Grr., II, 99, 100, 360, 386).

Lit. *raitelis* « reiter », *ródélis*, *rúdélis* « ruder » cités comme dissimilations par M. Bechtel (Ass. und diss., p. 28) se sont adapté le suffixe fréquent *-elis*.

Lit. *pardelis*, cité comme dissimilation par M. Bechtel (ibid.), paraît provenir de all. *pardel* et non de *parder*. Quant à l'all. *parder* il doit son *r* à un changement de suffixe, car l'*l* se trouvait déjà dans le lat. *pardalis*.

Lit. *balbërius* et lett. *balbéris* cités comme dissimilation par M. Bechtel (Ass. und diss., p. 28, 31) sont empruntés à all. *balbier*.

Esp. *lámpara* de *lampada* doit son *r* à *cándara*, *címbara*, etc. (Grœber, Archiv f. lat. lex., III, p. 507).

Esp. *alguandre* = *aliquando* (Cornu, Rom., X, p. 75) d'après *siempre*.

Esp. *añafil* « trompette mauresque » de *an-nafir* doit son *l* aux nombreux noms d'instruments se terminant en *-il* : *badil* « pelle à feu », *barril* « baril », *buril* « burin », *dedil* « dé », *fonil* « entonnoir », *pretil* « balustrade », etc.

Lat. *úlīgō* « humidité du sol » de *'údigō* qui était le seul mot finissant en *-dīgō*. Il a été contaminé par *cālīgō* « brouillard », de sens voisin. Le contraire ne pouvait pas avoir lieu, parce que les mots en *-līgō* étaient nombreux : *fuligo*, *bolligo*, *melligo*, *uitiligo*, etc. (R. S. Conway, Idg. forsch., II, p. 157 sqq.).

Esp. *barreda* « glaisière » et *polvareda* « nuage, tourbillon de poussière » ne sortent pas de *barrera*, *polvorera* par dissimilation, mais présentent simplement le suffixe collectif *-edo*, *-eda*, cf. esp. *olivedo* « olivaie », *viñedo* « vignoble », *arboleda* « lieu planté d'arbres », *salceda* « saussaie », *peñedo* « rochers », etc.

Fr. *sommelier* n'est pas sorti de *'sommerier* par dissimilation, mais a été tiré directement de *somme* au moyen de la finale *-elier* de *tonnelier, bourrelier*, etc., comme en v. fr. on avait tiré du même mot *sommetier* au moyen de la finale *-etier* de *muletier, bonnetier, papetier*, etc.

Ital. *asinile, feminile* seraient sortis par dissimilation de *asinino, feminino*, selon M. Meyer-Lübke (ital. gr., p. 296-297). Ils ont simplement subi pour leur finale l'influence du suffixe de *servile, febrile, virile*, etc.

Lat. *larix ;* M. L. Havet (MSL, VI, 113) veut voir une dissimilation dans ce mot ; il pense qu'il représente **lalix* parce qu'on a *salix, ilex, filix*. Mais dans ces mots *l, r* n'appartiennent pas au suffixe, cf. gr. ἀδίκη « ortie » à côté de ἑλίκη « saule ». Λάριξ a un *r* aussi en grec.

Lyon. Les canuts disent *relure* pour *cellule* (Philipon, Rev. d. pat., III, p. 43). Ce n'est pas une dissimilation, mais un changement de suffixe d'après les nombreux mots en *-ure*, comme *torture, blessure*, etc.

Ital. *deretano* cité comme dissimilation par M. Meyer-Lübke (ital. gr., p. 164) et *diretano* sont dérivés de *dereto* et *direto*.

Ital. *vetrice* doit son *r* au suffixe *-trice*.

Lat. vulg. *perdrix* à côté de *perdix* d'après *victrix, nutrix, altrix*, etc. (O. Keller, Lat. volks., p. 53).

Lat. *lanterna* = λαμπτῆρα + *lucerna* (O. Keller, Lat. volks., p. 98).

Ital. *garofano* « girofle » de *garofulum* (Grœber, Arch. f. lat. lex., II, 433) doit sa finale *-ano* à la fréquence de ce suffixe dans les noms de plantes : *balano* « balane », *ladano* « ciste », *platano* « platane », etc.

Fr. popul. et v. fr. *verrure* pour *verrue*. « Pour guérir des verrures, faut toucher à la robe d'un cocu ou d'un mouton » (Noel du Fail, Propos rustiques, p. 79). Le changement de finale de ce mot provient de l'influence des mots tels que *égratignure, écorchure, bavure, piqûre, pourriture, foulure, couture*, etc.

Lang. rom. Le suffixe diminutif *-ulu, -culu* était très répandu

en latin. Son influence s'est exercée dans les formes suivantes :
esp. *ancla* « ancre », *anclar* « mouiller » (le suff. *-cula* devient régulièrement *-cla* après consonne, cf. *carbunclo, mezclar*, etc.), —
ital. *arátolo* « charrue » de *aratrum*, — sic. *ruvulu* « rouvre »,
rasolu « rasorium », *paraspola* « παρασπορά »,—romg. *anemul*, ital.
anemolo à côté de *anemone*, — frioul. *žimul* « gemino- », *róndul*
« hirundo urbica », — prov. *citola* « cithara », — ital. *témolo* de
thymallus, cf. esp. *timalo*, — ital. *trespolo* « trépied » à côté de
trespide, etc. Presque tous ces exemples ont été cités comme des
dissimilations.

Lang. rom. La fréquence du suffixe *-tre, -tro, -tru* a influé sur
les formes suivantes : ital. *celestro*, — esp., port. *celestre*, — ital.
ginestra « genêt », *bissestro* « bissexte, jour intercalaire », — port.
mastro « mât », — esp. *ristre* (germ. *wrist*), *cómitre* (ital. co-
mito), *lastre*, v. esp. *delantre, hiniestra*, la finale *-mientre* pour
-miente, etc. Cf. *terrestre, finestra, pilastra, astro, destro, pe-
destre, maestro, teatro, incontro, encuentro*, etc.

Par contre on trouve en italien *terresto* d'après *celesto, celeste*.

Ce phénomène est largement représenté en français ; on peut
lui donner dans cette langue une formule générale : *occl.* $+ e$ final
et *occl.* $+ le$ final sont remplacés sporadiquement par *occl.* $+ re$
final. Cette substitution est due simplement à la fréquence de la finale
occl $+ re$; qu'il suffise de rappeler *propre, arbre, chambre, libre,
livre, marbre, ténèbres, lièvre, vivres, foudre, poudre, maître,
traître, théâtre, rencontre, terrestre, astre, pilastre, fenêtre,
marâtre, monstre, lucre, acre, simulacre, sacre, ancre*. Voici
quelques-uns des mots qui ont été contaminés de cette façon ; les
uns appartiennent au vieux français, les autres au français moderne,
les uns n'ont jamais existé que dans le fr. popul., les autres ont péné-
tré dans la langue littéraire ; il n'y a pas lieu de les distinguer ici :

chanvre (et *chanve*)	*arabre* (et *arabe*)
mulâtre (esp. *mulato*)	*nuitantre*
chartre (et *charte*)	*sorentre*

yaspre	*maintre*
pupitre	*tristre* (et *triste*)
épeautre	*rustre*
gouffre	*apôtre*
registre	*épitre*
pelagre	*glandre* (et *glande*)
chapitre	*amandre* (et *amande*)
esclandre	*martre*
escolastre (*scolasticu*)	*célestre* (et *céleste*)
honestre (et *honnête*)	*tempestre* (et *tempête*)
ˉ*arbalestre* (dans *arbalétrier*)	*tourtre* (et *tourte*)
tartre (et *tarte*)	*sabre* (pour *sable*)

La finale *occl.* + *le* si elle est moins fréquente que *occl.* + *re* n'est pas rare non plus : *épingle, tringle, girofle, marcufle, gifle, simple, peuple, mornifle, trèfle, nèfle, cercle, couvercle, article, obstacle, oncle, oracle, pinacle, spectacle, réceptacle, aimable, capable, coupable, inconcevable, sortable, retable, visible, horrible, terrible, ensemble, humble, noble, ouvrable, secourable.* On peut donc s'attendre à la trouver aussi quelquefois à la place de *occl.* + *e* final.

triomphle	*bouticle*
authenticle	*musicle*
maniacle	*arable* «arabe».

Lat. Le latin possède les deux suffixes -*āli*- et -*āri*- qui ne sont pas indo-européens ; mais les deux mots *tālis, quālis* sont anciens, cf. v. sl. *tolĭ, kolĭ*. Sur le modèle de *talis, qualis* l'italique fit de nombreux adjectifs tels que *aequalis, liberalis, natalis, uenalis, uitalis, dotalis* (Brugmann, Grr., II, § 98). Certains des mots simples dont on tira des dérivés au moyen de ce suffixe -*ālis* contenaient un *l*, d'où dissimilation de -*ālis* en -*āris* : *pulmaris* (loi XIV), *alaris, militaris* (*Obs. gén.*). Cette dissimilation paraît s'être produite dès en italique, car les deux formes du suffixe existent aussi en ombrien. — Dès lors le latin se trouvait en possession des deux suffixes *-ālis* et *-āris* qui avaient le même sens et pouvaient s'adapter aisément à n'importe quel thème nominal. Dans les mots nouveaux qu'il créa au moyen de ces deux suffixes il les répartit comme la dissimilation l'avait fait en italique, c'est-à-dire qu'il mit *-āris* dans les mots dont le thème contenait un *l* et *-ālis* dans les autres (Pott, Et. forsch., II, 96, — V. Henry, Gr. comp. du gr. et du lat., p. 59-60). Ce n'est plus de la dissimilation, car pour qu'il y ait dissimilation il faut que la forme non dissimilée ait existé. Ici elle n'a jamais existé ; c'est instantanément, dès en créant le mot, qu'on lui a adapté tel suffixe selon la forme du thème. Ce phénomène appartient à la grande classe de l'*analogie morphologique*. A l'époque classique on trouve généralement *-ālis* quand il y a un *r* dans le simple et *-āris* quand il y a un *l*. Si le simple contient un *l* et un *r* c'est celui de ces deux phonèmes qui est le plus rapproché du suffixe qui en détermine la forme. Si le simple ne contient ni *l* ni *r*, *-ālis* est plus fréquent, mais *-āris* se rencontre aussi. Ce sentiment d'euphonie ne dura d'ailleurs pas jusqu'à la fin de la latinité : il s'obscurcit à l'époque impériale et il n'est pas rare de trouver dans la basse latinité *-ālis* après un *l* et *-āris* après un *r* (voir Paucker, KZ, XXVII, 113 sqq. où les exemples sont réunis). Un fait qui tendrait à prouver, s'il en était besoin, que ce n'est pas en latin que s'est faite la dissimilation, c'est que le suffixe *-ārius* qui est propre au latin n'est jamais devenu *-ālius*.

Lang. rom. Les langues romanes continuent à échanger sans cesse ces deux suffixes. La présence d'un *l* ou d'un *r* dans le simple n'est pas indifférente à cet échange, mais elle ne le règle pas d'une manière absolue : ital. *acciale, aciero, acciaro, accialino, acciarino*, — *corsale, corsare, corsaro*, — *mortaletto, mortaretto*, — *usciere, usciale*, — *dattilo (dactylus), dattero*, — fr. *forteresse*, prov. *fortaressa*, esp. *fortaleza*, catal. *fortalesa*, — esp. *elemental* « élémentaire », *frutal* « fruitier », *oficial* « officier », *visal*

« visière », *manzanal* « pommeraie » et *manzanar, fosal* « cime-
tière » et *fosar, fosario, albañal* « égout » et *albañar, nogal*
« noyer » et *noguera, cabial* « caviar » et *cabiar, gamonal,*
« champ d'asphodèles » et *gamonera, castañal* « châtaigneraie »
et *castañar, castañero, centenal* « champ de seigle » et *centenar,
centenario, levrel* « levrier », *laurel* « laurier », *corcel* « coursier »,
broquel « bouclier », *cuartel* « quartier », *esparavel* « épervier »,
vergel « verger », *furriel* « fourrier », *plantel* « pépinière » et
plantario, timonel « timonier » et *timonero,* etc. Un grand nombre de ces exemples sont attribués à la dissimilation.

On cite de même très souvent comme exemples de dissimilation
des mots ayant le suffixe i.-e. *lo* à côté d'autres qui ont *ro,* — *tlo*
à côté de *tro* (lat. *clo : cro*). La question est la même en ce qu'il y
a eu presque partout des échanges analogiques entre ces deux
formes de suffixes; elle est différente en ce que toutes deux remontent à l'indo-européen, cf. Brugmann, Grr., II, p. 169 et 186,
— 112 sqq., — 115 ; — V. Henry, Gr. comp. de l'all. et de l'angl.,
p. 143, 148, etc. Il est possible qu'en indo-européen une forme
soit sortie de l'autre par dissimilation ; mais il ne nous incombe
point d'échafauder des hypothèses dans les ténèbres de cette période.

Nous réunissons sous ce titre un certain nombre de faits que l'on cite généralement comme étant des dissimilations et qui en réalité reposent sur des lois phonétiques toutes différentes ou sur des étymologies fausses.

En sicilien, où les groupes *pl*, *cl* ont disparu par évolution phonétique, lorsqu'on emprunte des mots qui les présentent, l'*l* devient *r* : *obbrikari. praya, praneta, krimenti,* etc. (Schneegans, Laute und lautentw. d. sic. dial., p. 188 sqq.). En italien, en espagnol, en portugais le résultat n'est pas régulièrement *r* ; il y a hésitation entre *l* et *r* : ital. *bramangiere* emprunté au fr. *blanc-manger*, — ital. *frenella* « flanelle », esp. *franela*, — esp. *girofre* et *girofle* « girofle », — esp. *fletar* « fréter », *flete* « fret », — esp. *frasco* et *flasco* « flacon », — esp. *flecha* et *frecha* « flèche », — esp. *bledo* et *bredo* « blette », — esp. *blandir* « brandir », *blandon* « brandon », port. *blandir* et *brandir* « brandir ».

D'après la loi de la coupe des syllabes en indo-européen, une syllabe ne pouvait pas commencer par un groupe de consonnes. Si deux consonnes initiales d'un mot se trouvaient être après la coupe des syllabes, l'une d'elles devenait voyelle ou était éliminée. (Cf. *Revue Bourguignonne*, IV, 123 sqq.). C'est ce qui explique ind.-eur. **tisres* = **trisres*, sk. *tisrás* (Bugge, Bezz. B., XIV, 75, Brugmann, Grr., II, 470). Le zd *tišarō*, le v. irl. *teoir*, v. gall. *teir* reposent sur un autre degré vocalique du suffixe, **trisores*, ce qui indique que ce mot possédait en indo-eur. une déclinaison à apophonie. Quant à sk. *cátasras*, zd *catanrō*, m. gall. *pedeir*, v. irl. *cetheoira, cetheòra*, ce sont des formes faites par analogie sur les précédentes, comme le montre l'absence du *w*.

Enfin *trisres peut être interprété de deux manières différentes, ce qui n'a d'ailleurs pas d'importance pour la question qui nous occupe : ou bien il représente tri- + le suff. -ser- (Brugmann, Grr., II, 470), ou bien tris- + le suff. -r-, -er-, cf. v. irl. tress- = *tris-to-, lat. trīnī = *tris-no-, vha. driski « ternus ». — Homér. πύελος = *πλυελος « bassin à laver les pieds », cf. πλύνω « je lave » (Leo Meyer, Vergl. gr., I, 526). — Gr. πτύω, lat. spuō = *spjūjō, gr. πυτίζω = *πτυτίζω (Osthoff, MU, IV, 19 et 33). M. Osthoff voit là des dissimilations.

Gr. δενδρύδιον pour *δενδρύδριον, cf. ξιφύδριον, τειχύδριον (Leo Meyer, Vergl. gr., I, 526) est une mauvaise leçon pour δενδρύφιον.

Polon. Jagmin pour Jagnin, Wolamin pour Wolanin, minog pour ninog emprunté à all. neunauge sont donnés comme dissimilations par Karlowicz (Archiv f. sl. phil., V, p. 113). Les autres exemples de m < n qu'il cite au même endroit : zolmirz = z'olnierz < all. sœldner, Mikolaj « Nicolaus », s'miadanie = s'niadanie « déjeuner » prouvent que les causes de ces changements sont à chercher ailleurs.

Fr. Sainte-Aulaire = Eulália ne présente pas plus de dissimilation que navire = nauiliu, concire = conciliu, evangire = euangeliu, mire = milia, nobire, Basire, etc. ; cf. G. Paris, Rom., 1877, p. 132 et L. Havet, ibid., p. 255.

Corssen pensait (Kritische nachträge, p. 191) que muliebris est sorti de *mulierbris et consobrinus de *consor (or)brinos par dissimilation. Mais sobrinus = *suesrinos (Brugmann, Grr., I, 430) et muliebris ne peut pas contenir le suffixe -bris qui sert à former des dérivés verbaux ayant le sens instrumental : anclabris « (vase) servant à puiser » de anclo « je puise », alebris « (aliment) nourrissant » de alo « je nourris ». Muliebris signifie « féminin, qui a rapport à la femme » et contient le suffixe -ri- qui a le même sens que le suffixe -āri = ā + ri : militaris « qui a rapport au soldat ». Muliebris = *mulies-ris (Bréal et Bailly, Dict. ét. lat.).

Lat. *rusum, retrosum* n'ont pas plus subi de dissimilation que *susum ;* cf. E. Seelmann, Aussprache, p. 330.

On rapproche lat. *largus* de gr. δολιχός, sk. *dīrghás*, v. sl. *dlïgŭ*, etc. (de Saussure, Mémoire, p. 263, L. Havet, MSL, VI, p. 113, 233, Prellwitz, Et. wœrt.). L'intermédiaire serait **lalgus* et la forme primitive **dĺ̄ghos*. Mais le χ du grec et le *g* du latin font une première difficulté à côté du *gh* sanskrit et du *g* slave ; elle pourrait à la rigueur être écartée. Nous ne savons pas exactement dans quelles conditions *d* est devenu *l* en latin ; mais il y a toute probabilité pour qu'il ne le soit pas devenu quand il y avait un autre *l* dans la même syllabe. Enfin **lalgus* aurait dû devenir **ralgus* et non *largus* d'après la loi XIV.

Il n'y a pas de diss. dans les mots comme esp. *pendon* (*pennone*), *bulda, celda, pildora, apeldar,* car c'est le premier *n*, le premier *l* qui auraient subi la diss. Il n'y a pas non plus de métathèse dans le cas de *rienda* (**retinam*), *candado* (*catenatum*), *bandulho* (de l'arabe *batn*), v. esp. *dandos* (de *dadnos*), etc. ; le *d* s'est assimilé à l'*n* qui le suivait, d'où **cannado* qui est devenu *candado* comme *pennone* est devenu *pendon*. Il en est de même des mots *espalda* (*spatulam*), *cabildo* (*capitulum*), *tilde* (*titulum*), *molde* (*modulum*), *rolde* (*rotulum*), etc. ; comme l'a déjà noté M. Baist (Grœber's Grr. I, p. 706 et 703) le groupe *dl* est devenu *ll* par assimil. et ce groupe *ll* est devenu *ld* comme dans *pildora* provenant de *pillula*. — Comment s'explique ce phénomène ? M. Meyer-Lübke (Gr. rom. I, p. 480) après M. Cornu (Romania, IX, p. 95) croit avoir trouvé la solution du problème dans le mot *andado* = *antenatus* par l'intermédiaire de *andnado*. Cela revient à dire que **cadnado* serait devenu **candnado*, et par conséquent que **espadlla* serait devenu **espaldlla*, ce qui est absolument incompréhensible. Il resterait d'ailleurs à expliquer comment et pourquoi *ndn, ldl* seraient devenus *nd, ld*. Nous avons montré que tout ce qui précède se ramène au cas de *pendon, pildora.* Ceux qui admettent l'explication de M. Meyer-Lübke pour *candado* sont obligés de supposer entre *pennone* et *pendon* une forme **pendnone,* entre *pillula* et *pildora* une forme **pildlora;* c'est une conséquence inévitable et nous ne pensons pas qu'elle ait échappé à M. Meyer-Lübke. Mais pour que *nn* devînt *ndn* et *ll ldl,* il faudrait que les groupes *nn, ll* fussent dans les mêmes conditions que les groupes *mr, ml, nr,* qui deviennent dans nombre de langues *mbr, mbl, ndr.* Ce dernier phénomène est très bien connu aujourd'hui : aussitôt l'*m* implosif prononcé, il faut, pour passer à l'*r, l,* que le voile du palais ferme les fosses nasales et en même temps que les lèvres se desserrent; ce desserrement des lèvres est un *b.* La même explication convient au groupe *ndr, mutatis mutandis.* Mais dans les groupes *nn, ll,* pour passer du premier *n/l* au second, il n'y a pas lieu de fermer les fosses nasales ou le canal ouvert sur les côtés de la langue, puisqu'il faudrait les rouvrir immédiatement, ni de détacher la pointe de la langue de l'endroit où elle est appuyée. Un *d* ne peut donc pas se produire. En réalité le *d* de *pendon, pildora,* n'est autre chose que le second *n/l* : en même temps que cesse avec le premier *n/l* le courant implosif, se ferment les fosses nasales qui ne devraient se fermer qu'avec l'*n, l* suivant pour la prononciation de la voyelle orale ; c'est le plus simple des phénomènes de préparation. L'*n/l* explosif, prononcé avec les fosses nasales (resp. les côtés de la langue) occludées, est un *d.* Dans les mêmes conditions où *nn, ll* deviennent *nd, ld,* le groupe *mm* doit devenir *mb ;* plusieurs dialectes italiens peuvent illustrer cette induction : sard. mérid. *lumburu = *lummuru, simbilai ⁓ *simmilai = *similare,* calabr. *kambera = *kammera, vuombiku ⁓ *vuommiku,* etc. (Meyer-Lübke, ital. gr., p. 172), milan. *vendembia ⁓ vendemmia, šimbia = scimmia, gamber = cammaro-* (Salvioni, Fonetica del dialetto di Milano, p. 199). Autant que *nn* nous engageait à considérer *mm, ll* nous invite à examiner les produits de *rr.* Malheureusement ici il est presque impossible de poser un résultat à priori. L'avons-nous dans esp. *viernes* (*Veneris*), *yerno* (*generum*), *tierno* (*tenerum*), *cernada* (de *cinis*), v. esp. *verná* (de *venrá)? Ce n'est pas impossible, et cette hypothèse trouverait un appui dans les formes assimilées comme v. esp. *verrá, Ferrando* ; néanmoins la question reste douteuse. Revenons à *andado* = *andnado; comme l'espagnol ne possède pas le groupe combiné *dn*, le *d* a été éliminé purement et simplement entre les deux *n*, tout comme le *t* de *pectinem* dans *peine* et comme beaucoup plus anciennement le *c* de *sancto, uncto, iuncta, quinctu,* dans *santo, unto, yunta, quinto*. Dès lors la forme *annado ne différait en rien de *pennone* et devait subir le même traitement. — Nous avons dit au commencement de cette discussion que s'il y avait eu une diss., c'est le premier *n/l* qui l'aurait subie ; ce phénomène s'est en effet produit dans certains dialectes qui présentent des formes telles que *alnado, calnado*.

V. esp. *todolos*, esp. *amamolos*, cités comme dissimilations par M. Meyer-Lübke (Gr. rom., I, p. 518),sont dus à une autre loi phonétique : dans un grand nombre de dialectes espagnols *s* implosif tombe purement et simplement devant liquide : *do reales* « deux réaux », jamais *dos reales*.

Fr. *marbre*. Corssen (KZ, II, 18) voit dans le *b* de ce mot un *m* dissimilé. Ce *b* n'est que le développement de l'explosion de *m* devant *r*, comme dans *chambre* ; la forme *marmbre étant imprononçable en français, il y a eu élimination instantanée de l'*m* qui se trouvait entre l'*r* et le *b*.

Esp. Les nombreuses finales en -*mbre, -ndre, - ngre : costumbre* « habitude », *servidumbre* « servitude », *herrumbre* « rouille », *hombre* « homme », *hembra* « femme », *pelambre* « poil », *nombre* « nom », *cumbre* « culmen » (l'*l* a disparu par mélange avec *cumulus*), *landre* « glandinem », *sangre* « sang », *liendre* « *lendinem », *golondra* « hirondelle », etc. qui passent généralement pour être dues à une dissimilation (Baist, Grœber's Grr., I, p. 706-707) ne sauraient être considérées ainsi. C'est l'*m* ou le premier *n* qui aurait été dissimilé. En réalité l'espagnol, ne possédant pas le groupe combiné *occl.*+*n*, l'a remplacé par ce qu'il avait de plus voisin, à savoir *occl.*+*r* ; il aurait pu le remplacer aussi par *occl.*+*l*, et en effet il l'a fait quelquefois (*ingle* « inguen »). — Dans *grama* (gramina) le second *r* serait tombé par diss. s'il faut en croire M. Baist (Grœber's Grr. I, p. 707). Ce serait le cas de notre loi II ; mais nous ne saurions nous ranger à cette opinion parce que pour nous le *b* et l'*r* sont contemporains : le résultat aurait donc été *gramba*.

Fr. *pampre, timbre, ordre, diacre, encre, coffre* ne sont pas non plus des diss. Quel serait en effet l'agent dans *diacre* ou *coffre* ? L'explication est la même que pour la finale esp. -*mbre*. Quand ces mots ont perdu leur voyelle pénultième atone la langue ne possédait pas le groupe combiné *occl.* + *ne ;* elle l'a donc remplacé par le groupe *occl.* + *re* qui en était voisin et très usité. — Ce phénomène n'est pas exclusivement propre au fr. et l'esp. ; beaucoup de langues le présentent, par exemple le breton moderne, dialecte de Léon : « *kreac'h*, montée, au xvᵉ siècle *quenech, knech*, en gallois *cnwc*, en vieil irlandais *cnocc*, dérivés du thème *cuna-* ; *kreon*, toison, au xvᵉ siècle *kneau*, en gallois *cneifion* ; *krevia*, tondre, en gallois *cneifio* ; *kraoun*, noix, plus anciennement *knoenn*, en gallois *cneuen* ; — *traonien*, vallée, dérivé de *tnou*, encore seul usité au commencement du xvɪᵉ siècle ; *gri*, couture, en gallois *gwni* ; — *sapr*, du français sapin » (H. d'Arbois de Jubainville, MSL, IV, p. 260). — Dampr. *aḷũdròt* « hirondelle » = *arundinetlam*. — Grec mod. Cardeto (Calabre) *prigaljáżu* « étouffer » de πνιγουριάζω, — *primúni* « poumon » de πνευμόνι, — *láfri* de δάφνι-, — et avec *l* : *íplu* = ὕπνον (Morosi, Arch. glott. it. IV, 103). — Bova (Calabre) *skliþra* « ortie » = κνίδη, — *plemóni* « poumon » de πνευμ·, — *íplo* = ὕπνον, — *plónno* « je dors » de ὑπνόνω (Morosi, Arch. gl. it., IV., 23). — Tsaconien γροῦσσα « γλῶσσα », — κράχα « κλάξ », — κράμα « κλῆρα », — κράνδου « κλάω », — κρέφτα « κλέπτης », — πρατάνα « platane », — ἀπρούκκου « ἁπλώσκω », — κρῖπε « κνῖτις », — λαφρία « λάφνη, δάφνη »,

— ὕπρε « sommeil » — πρίγγου « πνίγω » (Moriz Schmidt, C. St., III, 355). On a remarqué qu'en tsaconien *occl.* + *l* devient aussi *occl.* + *r*; il est intéressant de rapprocher ces deux phénomènes. — Nous avons signalé plus haut lat. *crus, crepusculum*.

Fr. popul. *nentilles* pour *lentilles* ne renferme pas une dissimilation, mais une assimilation avec la voyelle nasale suivante. C'est un phénomène de préparation. A Bourberain il y en a d'autres exemples, qu'on trouvera dans Rabiet, Rev. d. pat. gallorom., III, 46.

Fr. Tout le monde connaît le phénomène du rhotacisme, c'est-à-dire le changement de *z* (*s*) en *r* et le phénomène inverse qu'il n'y a pas lieu d'en distinguer : *Chambezon* devient *Chamberon*, *Aubeyrat* devient *Aubezat* ([1]). Il y a lieu de se demander si la dissimilation n'a pas joué un rôle dans le changement de *oratorium* en *ouzouer*, de *Lauriere* en *Loziere*, de *Vergeral* en *Vergezat*, etc. Pour résoudre cette question nous pouvons profiter des résultats dès maintenant acquis par la première partie de notre étude. *Azerat* (Haute-Loire) en 1445, 1478 est écrit *Arerat* en 1440, 1468 et *Arezat* en 1438, 1441. Cette dernière forme est en contradiction absolue avec la loi XVII : d'autre part en 1438 et en 1441, dans la même région, *Berbezy* est écrit *Berbery*, forme qui est en contradiction avec *Arezat* pour qui considère la loi XIV. Ces deux observations suffisent pour écarter la dissimilation. Si l'on considère les dates auxquelles apparaissent les différentes formes on voit que dans la région étudiée par M. Thomas il y a pendant une période de quarante années une confusion entre *z* (*s*) et *r* : *Nozerolles* (Haute-Loire) est écrit *Noreyrolles* en 1437, *Norezolles* en 1438, *Nozeyrolles* en 1440, de nouveau *Noreyrolles* en 1441, puis *Nozeyrolles* en 1445, etc. La conclusion apparaît

____

(1) Nous empruntons les exemples concernant cette question à l'article de M. A. Thomas, Rom., 1877, 261 sqq.

nettement : pendant cette période il n'y a pas de différence entre *Azerat, Areral* et *Arezat, Nozerolles, Norerolles* et *Norezolles.* L'*r* et le *z* (*s*) sont évidemment des graphies approximatives ; le son prononcé devait être intermédiaire entre *z* et *r* et n'avait pas de signe particulier dans l'écriture. A la fin de cette période, ce son lui-même a disparu devenant soit *r* soit plus souvent *z*.

Lat. *ferundus*. La théorie de M. L. Havet (MSL, VI, 233) d'après laquelle *ferundus* = φερόμενος par **feromedos, *feromdos, *ferondos* est inacceptable parce que *m-n* intervocaliques ne se dissimilent pas en latin (cf. *Commentaire XVII*). M. Bréal, qui a repris cette théorie (MSL, VI, 412), la modifie ainsi : « *ferundus* correspond à une forme grecque φερόμενος, ancien latin **feromnos* ». Sous cette nouvelle forme elle n'est pas plus convaincante, car *Vertumnus, Volumnus, alumnus,* etc., sont restés intacts, cf. *Commentaire XI.* — De toutes les explications proposées jusqu'à présent pour le participe en *-endus,* la plus acceptable est celle qu'ont indiquée séparément MM. Bartholomae (Idg. forsch., IV, 127) et Meillet (Bull. Soc. ling., t. VIII, civ).

Gr. ναύκληρος, souvent cité comme dissimilation à côté de ναύκραρος, paraît être la forme primitive. Cf. Brugmann, Gir., II, 1050, — Prellwitz, Et. wœrt.

Lat. *luculentus,* que M. Stoltz (I. Müller's Hdb , II, 283) cite après d'autres comme exemple de dissimilation et qu'il tire pour cette raison de *lucrum,* appartient à la même racine que *luceo* « luire, briller » ; quel rapport peut-il y avoir en effet entre *luculentus* qui signifie « clair, brillant, beau » et *lucrum* qui signifie « gain, profit » ?

Gr. M. J. Schmidt (KZ, XXXII, 363) admet la possibilité d'une dissimilation dans Σαπφώ à côté de Ψαπφώ et dans ἄμαθος à côté de ψάμαθος. Pour le second la dissimilation remonterait à l'indo-européen. M. J. Schmidt ne présente cette explication que comme une hypothèse, car il s'empresse d'ajouter : « Zu beweisen ist dies natürlich nicht ». Mais un *m* ne peut pas faire tomber un *bh* par dissimilation, et, s'il n'est pas impossible théoriquement qu'un φ fasse tomber un π par dissimilation, il est bon de noter que nous n'en connaissons aucun exemple. Quoi qu'il en soit il faut une autre explication pour ψάμαθος, ἄμαθος. Voyons comment la coupe des syllabes répartissait les phonèmes de ces mots en indo-européen : *bhsamadhos après voyelle brève était *bh samadhos, forme qui ne pouvait que rester intacte ; mais après finale autre que voyelle brève on avait -bhsn-qui se réduisait soit à bha-, soit à sa-. Ἄμαθος = *σαμαθο; est donc le doublet syntactique remontant à l'indo-européen, de ψάμαθος. — Quant à Σαπφώ à côté de Ψαπφώ, cette forme ne peut remonter à l'ind. eur., car elle serait devenue *ἀπφώ en grec. On a essayé de montrer qu'un s initial ind. eur. pouvait être représenté en grec par σ (Kretschmer, KZ, XXXI, p. 422), mais il n'y a en faveur de cette hypothèse aucun exemple ayant sûrement commencé par s simple en ind.-eur. Dès lors Σαπφώ a dû sortir de Ψαπφώ comme σύν de ξύν, σώχειν de ψώχειν, σίττα de ψίττα, σάγδις de ψάγδας, σίττικος de ψίττακος en grec même, postérieurement à l'époque où σ initial avait commencé son évolution vers ʿ. Pour cela il faut que le panhellène ait gardé un certain temps après sa séparation la coupe des syllabes indo-européenne et ses effets. Or nous savons précisément que le panhellène ne l'avait pas encore perdue à l'époque où s'est développée la résonnance vocalique des liquides sonantes. Cette résonnance était déjà développée quand le σ intervocalique a disparu, mais : 1° le σ intervocalique pouvait avoir déjà commencé son évolution vers ʿ quand la résonnance vocalique des liquides sonantes s'est développée ; 2° si nous savons que le panhellène possédait encore la coupe indo-eur. quand la résonnance vocalique des liquides sonantes s'est développée, rien ne nous apprend à quelle époque elle s'est perdue (cf. notre étude sur les Liquides sonantes, passim).

V. esp. *bierven* « ver » n'a subi aucune dissimilation. M. Ascoli explique ce mot par l'intermédiaire de *viernvne*, *viermbne* et compare *nombre* = *nomine*. Mais d'une part ʻ*viernrne* et ʻ*viermbne* sont des formes impossibles, de l'autre la comparaison de *bierven* avec *nombre* est inacceptable. En effet *nombre* repose sur *nomne* tandis que *bierven* sort directement de ʻ*uermen* ; dans *nomne* l'*m* n'est séparé de l'*n* que par la coupe des syllabes, dans ʻ*uermen* il en est séparé par un *e* qui persiste jusque dans *bierven* ; enfin dans *nomne* l'*m* est implosif, dans ʻ*uermen* l'*m* est explosif. En réalité il y a eu assimilation de l'*m* de ʻ*uermen* à l'*u* consonne initial, la première syllabe étant sentie comme un redoublement ; cf. esp. *muermo* = lat. vulg. *moruus*, lat. class. *morbus*.

TROISIÈME PARTIE

———

LA RÉDUPLICATION

LA SUPERPOSITION SYLLABIQUE

Il y a toute une catégorie de phénomènes que l'on désigne sous
le nom de *dissimilation syllabique*, par exemple κελαινεφής pour
*κελαινο-νεφης. Cette expression est très impropre. Pour que l'on
puisse parler de dissimilation il faut que la forme non dissimilée
ait existé : *κελαινο-νεφης n'a jamais existé ; dès le moment où le
mot a été créé, il a eu la forme κελαινεφής. Il n'y a donc pas lieu
de rechercher si c'est la première des deux syllabes qui tombe :
*κελαι(νο)-νεφης, ou si c'est la voyelle qui termine cette syllabe et
la consonne qui commence la suivante, comme le veut M. Brugmann (Grr., I, 483 sqq.) : *κελαιν(ον)εφης.

La prétendue dissimilation syllabique *ne se produit que dans
la composition et la dérivation.* Lorsqu'à un thème vient s'ajouter
un mot ou un suffixe dont la syllabe initiale commence ou finit
par la même consonne que la syllabe finale du thème, l'une des
deux syllabes est éliminée, et celle qui subsiste présente le vocalisme de la seconde. Cette remarque montre qu'il ne s'agit pas là
de dissimilation : s'il existait une dissimilation de ce genre il ne
nous serait parvenu aucun mot du type *uencnum* et aucun mot à
redoublement sauf ceux qui font onomatopée. Ce qui se produit
est une superposition syllabique au moment de la jonction :

κελαινο-

-νεφης.

Cette superposition est possible parce que dans κελαινεφής le sujet
parlant sent le thème κελαινο- jusqu'à κελαιν- ou κελαινε- inclusivement
et le mot -νεφης à partir de κελαι- ; le ν ou plutôt même la syllabe νε

fait double fonction (¹). Il y a là sans doute une négligence d'attention de la part du sujet parlant, mais on la comprendra si l'on songe que lorsqu'on parle il est extrêmement rare que l'on maintienne son attention sur toute l'étendue d'un long mot ; on ne la fait porter que sur le commencement ou sur la fin : c'est ce qui explique les lapsus de toute espèce.

Pourquoi le vocalisme est-il celui du second terme ? C'est qu'on n'aurait pas reconnu νέφος dans *-νοφης tandis qu'on sent le thème de κελαινός aussi bien dans κελαινε- que dans κελαινο-.

C'est une *loi*, comme les lois phonétiques, et, de même que celles-ci, elle n'agit pas lorsqu'elle en est empêchée.

Nous citerons nos exemples non pas sous la forme

$$κελαινεφής = *κελαινο\text{-}νεφης$$

qui représente une erreur, mais sous la forme

$$κελαινεφής = κελαινο + νεφης.$$

GREC

ἄποινα ntr. pl. « rançon » = ἀπο + ποινα, cf. ἀπότιαις (Prellwitz, Et. wœrt.). L'ancienne étymologie ἀ privatif + ποινή fait un contresens ; ἄποινα n'est pas le rachat de la peine, mais le rachat de la faute : c'est la peine même.

Ἑτοίμαχος = ἑτοιμο + μαχος (Fick, Bezz. B., III, 279). Ἑτοιμαρίδας = ἑτοιμο + μαριδας (Fick, Gr. personennamen, 1894, p. 115).

τέτραχμον = τετρα + δραχμον (Brugmann, Grr., I, 483). Au moment de la superposition qui se produit toujours, il ne faut pas l'oublier, dans un moment d'inattention, -δραχμον devient en quelque sorte *τραχμον ; le contraire, à savoir le changement de τετρα- en *τεδρα-, n'est pas possible parce que τετρα- est l'élément essen-

---

(1) La même illusion se produit pour la vue lorsqu'on lit un mot contenant la syllabe *fi* : l'extremité supérieure de l'*f* termine l'*f* et constitue le point de l'*i* ; elle fait double fonction sans que personne s'aperçoive qu'il manque quelque chose.

tiel. Voilà pourquoi le résultat est τέτραχμον et non *τεδραχμον. La forme τετράδραχμον est refaite ; elle pouvait l'être continuellement sous l'influence des nombreux composés commençant par τετρα-.

Ἑλλάνικος = ἑλλανο + νικος (Schulze, Quaestiones epicae, 427).

ἀλιτρός « criminel » = ἀλιτη + τρος (Fick, KZ, XXII, 99). Les adjectifs en -τρος sont en effet tirés du thème verbal, comme les substantifs en -τωρ et en -τρον ; cf. ἀλιτήσω, ἀλίτημα.

ζητρός = ζητη + τρος de ζητέω (Fick, KZ, XXII, 99) ; ζητητής, ζητητήριος sont des formes refaites.

δστήριος = δατη + τηριος (Fick, KZ, XXII, 99).

M. Fick pense (KZ, XXII, 99) que ἀλιτήριος « coupable » = ἀλιτη +τηριος de ἀλιταίνω « je commets une faute ». Evidemment ce n'est pas impossible, mais cette hypothèse n'est pas nécessaire. Ἀλιτήριος peut être dérivé de *ἀλιτηρος comme καθάριος de καθαρός, ἐλευθέριος de ἐλεύθερος, φίλιος de φίλος, ἡσύχιος de ἥσυχος, et *ἀλιτηρος de *ἀλιτη-, comme ὀλισθηρός « glissant, qui fait glisser ou qui glisse » de ὀλισθαίνω « je glisse », ὀκνηρός « lent » de ὀκνέω « je suis lent ».

ποιμάνωρ = ποιμαν + ανωρ (Pott, Et. forsch., II, 110).

hom. οἰέτης « d'un seul âge, du même âge » = οἰϜο + Ϝετης (Wackernagel, KZ, XXV, 280).

κέντωρ, κέντρον = κεντη + τωρ, τρον (G. Meyer, Gr. gr., p. 293). Les suffixes -τωρ et -τρον s'ajoutent au thème verbal, cf. θηράτωρ de θηράω, κοσμήτωρ de κοσμέω, μισθώτρια de μισθόω.

καλαμίνθη « calament » = καλαμο + μινθη (G. Meyer, Gr. gr., p. 293). La superposition syllabique a souvent pour effet d'éviter la succession de trois brèves ; elle s'accorde en cela avec la loi rythmique exposée par M. F. de Saussure (Mélanges Graux).

ἀμφορεύς « vase à deux anses » = ἀμφι + φορεύς (Brugmann, Grr., I, 484. Ἀμφιφορεύς a été refait, peut-être parce que ἀμφορεύς ne pouvait pas entrer dans un vers dactylique.

ἀρνακίς « toison d'agneau » = ἀρνο + νακις (G. Meyer, Gr. gr., p. 293.

πινυτής « sagesse » = πινυτο + της (Ebel, KZ, I, 303), cf. φιλότης de φίλος; πινυτότης qui se trouve dans Eustathe est une forme refaite.

γλάμυξος « chassieux » = γλαμο + μυξος (G. Meyer, Gr. gr., p. 293).

ἐπίβδαι « lendemain d'une noce, d'une fête » était expliqué par ἐπί + *ped- « pied », cf. πεδὰ « après » (Brugmann, Grr. I, 266 et 346). C'est évidemment une étymologie à écarter. M. J. Bury qui songe au lat. *repotia* « repas du lendemain des noces » paraît avoir trouvé juste en indiquant ἐπι + πιβδαι de *pibō « je bois » (Bezz. B , XVIII, 202).

θάρσυνος ne représente pas θαρσο + συνος (Aufrecht, KZ, 1, 482), mais est tiré directement de θαρσυ- (θαρσύς), cf. sk. *arjunas* de *arju-, gr. ἄργυρος.

ἡμίδιμνον = ἡμι + μεδιμνον (Brugmann, Grr., I, 484). Ἡμιμέδιμνον est beaucoup plus employé ; c'est que le premier terme ἡμι-, très clair et très usité, est l'élément essentiel du composé; c'est du reste un mot si court qu'il lui était difficile de perdre un seul phonème : il est même surprenant que ἡμίδιμνον ait pu naître.

καρδάμωμον « cardamome » = κυρδαμ(ο) + ἀμωμον (G. Meyer, Gr. gr., p. 293).

ὀπισθέναρ « le dos de la main » = ὀπισθο ou ὀπισθε + θεναρ (G. Meyer, Gr. gr., p. 293).

πυγμάχος « qui combat à coups de poing » = πυγμο + μαχος. L'étymologie *πυξ-μαχος, proposée par M. Fick, aurait donné *πυχ-μαχος.

κωμῳδιδάσκαλος, τραγῳδιδάσκαλος = κωμῳδο, τραγῳδο + διδασκαλος (G. Meyer, Gr. gr., p. 293).

Βλέπυρος = βλεπε + πυρος (G. Meyer, Gr. gr., p. 293).

Βενδίδωρος = βενδιδο + δωρος (Fick, Die gr. eigennamen, 1874, p. 18).

Παλαμήδης = παλαμο + μηδης (G. Meyer, Gr. gr., p. 293).

Δαμένης = δαμο + μενης (G. Meyer, Gr. gr., p. 293).

Μέλανθος = μελαν + ανθος (Fick, Die gr. eig., 1874, p. 54).

Πλεισθένης = πλειστο + σθένης (G. Meyer, Gr. gr., p. 293).

Ποίμανδρος = ποιμεν + ἀνδρος (Fick, Die gr. eig., p. 206) ou plutôt ποιμαν + ἀνδρος, cf. supra ποιμάνωρ.

Τιμαχίδας = τιμο + μαχιδας (Baunack, C. St., X, 136).

Φιλάων = φιλο + λαων (Baunack, C. St., X, 136).

Ποσίδικος = ποσιδο + δικος, cf. Ποσίδ-ιππος (Baunack, C. St., X, 122).

Φιλυρίδας = φιλο + λυριδας (Baunack, C. St., X, 122).

Nous avons dit que la syllabe subsistante faisait double fonction; c'est ce qui explique Δαφνη- φόρος, Λυκο- κτόνος, Πισθ- έταιρος, ἀκρό-κομος, καρπο- φόροι, μακρο- κέφαλοι, εὐθύ-τονος, etc. Dans une forme *δαφορος la syllabe φο aurait convenu pour -φορος, mais point pour δαφνη-, dans une forme *δαφνηρος la syllabe φνη ne pouvait pas rappeler le φο de -φορος. Dans Πλεισθένης vu plus haut la syllable σθε peut fonctionner pour πλειστο- jusqu'à l'aspiration exclusivement ; mais Κλειτο-σθένης n'est pas susceptible de superposition. M. Baunack qui cite Κλειτό-δημος, Κλειτό-δικος, Κλεινό-δημος, Κλειτο-σθένης, Κλεινό-μαχος (C. St., X, 122-123) pense que le premier terme de Κλεί-δημος, Κλεί-δικος, Κλει-σθένης, Κλει-γένης, Κλεί-θεμις, Κλει-τέλης, Κλει-μήδης, Κλεί-σοφος est aussi Κλειτο- ou Κλεινο-. C'est une erreur évidente : ces mots ont été formés par analogie sur le modèle de Κλειτέλης = Κλειτο + τελης.

Δημο-μέλης, Φιλιππό-πολις, Καλλι-λαμπέτης, ὀρνιθο-θήρας, φιλό-λογος sont des formes faites artificiellement ou savantes. De même γροσφοφόρος, λοφοφόρος, ἀμφίφαλος.

ἄπολις et ἀπόπολις sont deux mots différents et il était nécessaire de ne pas les confondre.

Δαμανικίων ne représente pas Δαμασι + νικιων comme le veut M. Baunack (Rheinisches museum, 37, p. 476), mais le thème verbal δαμα + νικιων, comme Ἀγέ-λαος.

Grec moderne — Ἀστροπελέκι = ἀστραπο + πελεκι (Hatzidakis, KZ, XXXIII, 118 ; pour l'o cf. cet article), Μαυράχι = Μαύρη + ῥαχι (p. 119), αὐτίκοντα = αὐτίκα + κοντα (p. 121).

σαράκοντα a perdu sa syllabe initiale dans τὰ τεσσαράκοντα; μέ = μετὰ, κά = κατά sont nés devant l'article : μὲ τὰ πρόβατα de μετὰ τὰ προβατα, κὰ τὸν τόπον de κατὰ τὸν τόπον (Hatzidakis, Neugr. gr., p. 150, 153). Ici la voyelle indispensable est évidemment celle de l'article.

LATIN

En latin l'interprétation est rendue douteuse dans un certain nombre de cas par l'existence de la loi de syncope. Ainsi *antenna* peut représenter *antc* + *lenna* (Zeyss, KZ, XIV, 415) par superposition syllabique. Mais une forme **antetenna* pouvait être refaite comme ἡμι-μέδιμνον. Il pouvait aussi ne pas y avoir superposition dans les cas où la composition n'était pas strictement populaire, comme en grec dans φιλό-λογος, λοφο-φόρος. Quoi qu'il en soit **antetenna* serait devenu **anttenna* par la loi de syncope, et dans cette position le double *t* ne pouvait que se réduire. Il y a donc plusieurs exemples pour lesquels on peut hésiter entre deux explications. Il est néanmoins probable que dans la plupart des cas c'est la superposition qui est la bonne, 1° parce que les reformations qui rentrent dans ce chapitre ne paraissent pas être d'origine populaire; 2° parce que les composés demi-savants comme φιλό-λογος auraient sans doute échappé à la loi de syncope. Il est inutile que nous répartissions nos exemples en différentes classes : ceux pour lesquels les deux explications sont possibles se dénonceront d'eux-mêmes :

Nutrix = *nutri* + *trix* (Brugmann, Grr., I, 484), cf. *nutritor*.

Sambucina = *sanbuci* + *cina* (Fick, KZ, XXII, p. 371), cf. *belliger*.

Luscinia = *lusci* + *cinia* (Schweizer-Sidler und Surber, Gr. d. lat. spr., Halle, 1888, § 46).

Vicennium = *uicen* + *ennium* (Fick, KZ, XXII, p. 372).

Fastidium = *fasti* + *tidium* (Bréal, KZ, XX, 80).

Domŭsio = domŭs + ŭsio.

Stĭpendium (Plaute) = *stĭpi + pendium,* cf. *mortifer. Stĭpendium* est beaucoup plus usité. Si cette seconde forme ne doit pas la longueur de son *i* à une étymologie populaire, elle repose sur **stippendium* comme le propose M. V. Henry, Gr. comp. du gr. et du lat., p. 94. **Stippendium* serait sorti régulièrement d'un **stipipendium* refait à l'époque de la syncope latine.

Scrŭpeda = scrŭpi + peda (Bersu, Die gutturalen, p. 172).

Sēmodius = sēmi + modius (Brugmann, Grr., I, 484). *Sēmimodius* est refait d'après *sēmi-dens,* etc.

Sēmēstris = sēmi + mēstris (Brugmann, Grr., I, 484).

Antestari = ante + testari (Zeyss, KZ, XIV, 415). On trouve beaucoup plus tard, p. ex. dans Sid. Apoll., la forme *antetestari ;* elle a été refaite artificiellement.

Lŭculentātem = lŭculenti + tātem (Brugmann, Grr., I, 484). *Lŭculentitātem* est une forme refaite.

Arcubii « qui excubabant in arce » (Fest.) = *arci + cubii* (Brugmann, Grr., II, 58).

Portorium « péage » = *porti + torium* (Fick, KZ, XXII, p. 101). *Portitorium,* forme très tardive, est refait.

Cruenter = cruenti + ter, luculenter = luculenti + ter, uiolenter = uiolenti + ter, ignoranter = ignoranti + ter, et tous les adverbes en *enter, anter* tirés d'adjectifs ou de participes en *ens* ou *ans = enti + ter, anti + ter.* De rapports tels que *congruus : congruenter* (tiré de *congruens*) naquit le sentiment d'un suffixe *-enter,* d'où *rarenter* de *rarus, magnificenter* de *magnificus,* etc.

Equĭria sort de **equi-quirria* d'après Bersu, Die guttur., p. 151, de **equi-cirria* d'après Solmsen, Stud. zur lat. lautgesch., p. 30. Quoi qu'il en soit la forme historique paraît être due à une étymologie populaire d'après *Equĭrine = E Romule* (O. Keller, Lat. volsket., p. 42).

Barbarum, gén. plur. dans Nepos, Milt. 2, 1, Alcib. 7, 4, n'est sorti ni de *barbarorum* ni de *barbararum* ; c'est simplement le mot grec.

Voluntas ne sort pas de *uolunti-tas, ni *potestas* de *potenti-tas, ni *honestas* de *honesti-tas, etc. Comme l'a montré Weisweiler, Neue jahrbücher f. philologie, 1889, p. 796, les substantifs dérivés de participes se font en *ia : uolentia, beneuolentia, indigentia, potentia*. Les substantifs en -*tăs* reposent sur des thèmes nominaux : *facul-tas, uenus-tas, tempes-tas, senec-tas, iuuen-tas* (et *iuuen-tus*), *uolup-tas, uolun-tas* (de *uolo, -onis*, Bréal, MSL, II, 49), *hones-tas* (thème *honos, hones*, comme *tempes-tas* thème *tempos, tempes*), *eges-tas* (thème *egos, eges*, cf. *egēnus*, Schweizer-Sidler, Gr., p. 65, 202, Meyer-Lübke, Archiv f. lat. lex., VIII, 329), *măies-tas* (thème *măios, măies*, cf. *maior, maius*). Pour *potestas* nous ne pouvons accepter ni l'explication de M. Meyer-Lübke (Archiv f. lat. lex., VIII, 329) ni celle de M. Solmsen, Zur lat. lautgesch., p. 57) ; *potestas* est fait sur *potens* d'après le faux rapport *egestas : egens*.

Mansuētudo n'est pas plus pour *mansuēti-tudo (Ebel, KZ, I, 303) que *mansuēfacio* pour *mansuēti-facio. Ils sont tous deux formés directement sur *mausuē-* pris dans *mansuēs*. Une fois *mansuētudo* ainsi formé, il naît forcément un rapport *mansuētudo : mansuētus* ; d'où *inquietudo* sur *inquietus* (et non pas *inquietitudo, Ebel, ibid.), *ualitudo* sur *ualitus*, etc. Le rapport est bien vite saisi comme une substitution des suffixes -*tus* : -*tudo*, -*tis* : -*tudo*, c'est-à-dire de suffixes commençant par *t*, d'où *habitudo* sur *habitus* (et non pas *habititudo), *hebĕtudo* sur *hebĕtis* (et non *hebetitudo), *sollicitudo* sur *sollicitus* (et non pas *sollicititudo, Ebel, ibid.). D'autre part d'après *mansuētudo : mansuesco* on crée *alētudo* sur *alesco* (et non pas *aletitudo, Fick, KZ, XXII, 101), *ualētudo* sur *ualesco*. — Enfin *altitudo* et *multitudo* sont modelés sur *magnitudo* ; il en est de même de *beatitudo* et *sanctitudo* qui ne remontent pas au delà de l'époque chrétienne.

Obliuiosus est sorti de *obliuium* comme *imperiosus* de *impe-*

rium (et non pas *obliuion-onsus*, Fick, KZ, XXII, 372). Des rapports *gloria* : *gloriosus*, *imperium* : *imperiosus*, *obliuium* : *obliuiosus*, *obliuio* : *obliuiosus* (ce dernier existe aussitôt que le précédent) naissent tout naturellement *factiosus* sur *factio* (et non pas *faction-onsus*, Fick, ibid.), *seditiosus* sur *seditio* (et non pas *seditiononsus*, Fick, ibid.), *suspiciosus* sur *suspicio* (et non pas *suspiciononsus*). *Lusciosus* n'est pas d'une authenticité bien certaine ; en tout cas s'il a existé il est sorti non pas de **lusciciosus* (Fick, ibid.) mais de **luscio*, comme *suspiciosus* de *suspicio*. Ce **luscio* ne nous a pas été livré, mais il n'en résulte nullement qu'il n'ait pas existé. Il aurait été formé sur *luscus* aussi régulièrement que *unio* sur *unus*, *duplio* sur *duplus*, *ternio* sur *ternus*, *rubellio* sur *rubellus*, *ludio* sur *ludus*, *mulio* sur *mulus*. *Lusciciosus* n'est qu'un barbarisme ; mais *luscitiosus* existe et n'a rien à voir pour la dérivation avec *lusciosus* ou **luscio* ; il est formé sur *luscitio* comme *suspiciosus* sur *suspicio*, et *luscitio* est tiré de *luscus* d'après un rapport tel que *largus* : *largitio* (bien que *largitio* soit dérivé de *largitus*). *Ambitiosus* repose sur *ambitio* (et non pas **ambitionosus*, Kühner, Ausf. gr. d. lat. spr., I, 674).

De *suspicio* : *suspiciosus*, *gloria* : *gloriosus*, *imperium* : *imperiosus* naît le sentiment que les dérivés en -*osus* se tirent non pas du thème, mais du nominatif en élidant la dernière voyelle de ce cas devant l'o de osus. De la *calamitōsus* de *calamitās* (et non pas **calamitat-osus*, Brugmann, Grr., I, 484), *egestosus* de *egestas*, *dignitosus* de *dignitas* (et non pas **egestatosus*, **dignitatosus*, Fick, KZ, XXII, 372), et de même *labosus* de *labor*, *fragosus* de *fragor*, ou de *labos*, *fragos* (et non pas **labososus*, **fragososus* (Fick, ibid.).

Voluptarius est tiré de la même manière de *uoluptas* (et non pas *uoluptat-arius*, Fick, KZ. XXII, 371), *uoluntarius* de *uoluntas* (et non pas **voluntitatarius*, Brugmann, Grr., I, 485). De l'existence d'un mot de ce genre naît le sentiment de l'échange d'un suffixe -*tarius* avec le suffixe -*tas* : *proprietarius* ;

proprietas, hereditarius : hereditas. Et même une fois le rapport *heredis : hereditarius* établi, on peut faire *solitarius, siccitarium* directement sur *solus, siccus,* sans l'intermédiaire de *solitas. siccitas.*

Debilitare et *nobilitare* ne sont pas sortis de **debilitat-are,* **nobilitat-are,* comme le croit M. Brugmann, Grr., I, 484. Ils signifient « rendre *debilem, nobilem* », tandis que **debilitatare,* **nobilitatare* signifieraient « rendre *debilitatem, nobilitatem* », comme *captare* signifie « rendre *captum* », *uolutare* « rendre *uolutum* », etc. Ces mots sont formés directement sur l'adjectif au moyen d'un suffixe secondaire *-tare* qu'on a isolé précisément dans des verbes tels que *captare* comparé à *capio.* De même *utilitare, fecunditare, felicitare* que M. Fick (KZ, XXII, 371) fait venir de **utilitat-are,* **fecunditat-are, felicitat-are* sont formés directement sur l'adjectif comme *uisitare* sur *uisus, haesitare* sur *haesus, mansitare* sur *mansus,* etc.

Paupertinus ne représente pas **paupertatinus* (Fick) mais est dérivé de *pauper* au moyen du faux suffixe *-tinus* que l'on avait isolé dans *repentinus, libertinus, latinus, Plautinus,* etc.

Tempestiuos ne sort pas de **tempestatiuos* ni *aestiuos* de **aestatiuos* (Fick). *Tempestiuos* a été tiré de *tempes-* au moyen du faux suffixe *tiuos* trouvé dans *actiuos, satiuos, natiuos, uotiuos, laudatiuos, festiuos, captiuos,* etc. Le faux rapport *tempestiuos : tempestas* a fait naître *aestiuos* sur *aestas.*

Splendificare. qui n'apparaît que tardivement, n'est pas sorti de **spendidi-ficare* (Fick. KZ, XXII. 372), mais a été formé de *splendor* comme *uolnificus* de *uolnus, foedifragus* de *foedus, opifex* de *opus. munifex* de *munus.*

Veneficus ne représente pas **uenéni-ficus.* comme l'a fort bien montré M. F. Skutsch (De nominibus latinis suffixi *no* ope formatis. Breslau. 1890). Que *uenénum* représente **uenes-nom.* comme il le dit, c'est évident ; mais que *ueneficus* soit sorti de **uenes-ficus,* c'est indémontrable. du moins dans l'état actuel de la phonétique latine. Une autre explication est donc permise, sinon nécessaire : *uenēficus* a été formé sur *uenēnum* d'après le faux rapport : *man-suē-factus : mansuētus*.

Selibra est fait d'après *semestris, semodius*.

Cordolium est dans les mêmes conditions que *solstitium, sol-sequium, muscipula*, etc.

Palatua ne représente pas *palatitua* (Fick, KZ, XXII, 401), mais est à *Palatium* comme *ingenuos* à *ingenium, reliquos* (*re-lic-uos*) à *reliquiae*, etc.

Horrifer « effrayant » serait *horrori-fer* d'après M. Woelfflin (Arch. f. lat. lex., IV, 11). C'est bien en effet le mot *horror* qu'y sentaient les Latins ; mais en réalité *horrifer* est fait sur le modèle de *horrificus*, dans lequel les Latins arrivèrent à sentir aussi le mot *horror*, bien qu'il n'y eût que *horri-*, le même *horri-* que dans *horridus, horribilis : horrificus* en effet signifie primitivement « qui rend hérissé » et *horreo* « je suis hérissé » ; cf. *candificus* « qui rend blanc » à côté de *candidus* « blanc », *candor* « blancheur », *candeo* « je suis blanc ».

Ministrix (tardif) et *ministratrix* (Fick, KZ, XXII, 372). Le second est le féminin de *ministrator* ; le premier est fait au moyen du faux suffixe *-trix* que l'on trouvait dans *tonstrix* à côté de *tonsor, defenstrix : defensor, possestrix : possessor, assestrix : assessor*, à moins qu'il ne soit simplement le féminin de *minis-tor* qui paraît attesté par le gén. plur. *ministorum* (IRN, 2225, 40 apr. J.-C).

Gratulor = *grati-tulor* (O. Keller, Rhein. mus., 1879, 499). Il n'y a pas plus de *tul-* dans *gratulor* que dans *grator* qui a le même sens ; cf. *iaculor* à côté de *iacere, ambulare : ambire*, etc.

Trucidare ne représente ni *truci-cidare* (Brugmann, Grr., I, p. 484) ni *trudi-cidare* (O. Keller, Rhein. mus., 1879, 499), mais *dru-cidare* (Thurneysen, KZ, XXXII, 563-564).

Sanguisuga est fait sur le nominatif d'après *claui-ger, igni-fer, igni-uomus* où l'on croyait trouver les nominatifs *clauis, ignis*, moins l's désinentiel. Il en est de même de *lapicida* que l'on tire quelquefois de *lapidicida* (O. Keller, Rhein, Mus., 1879, 499). *Homicida* a été fait sur *hominis* d'après le rapport *sanguisuga : sanguinis*.

*Vipera = *uiuo-para* a perdu sa seconde syllabe par la loi de syncope latine. Il en est de même de *quotus* s'il correspond à sk. *katithas* et de *totus* s'il correspond à sk. *tatithas* ; pour ces deux derniers mots la syncope ne pouvait se produire qu'aux cas où la finale est longue.

AUTRES LANGUES INDO-EUROPÉENNES

Les autres langues indo-européennes ne présentant rien de particulier sur cette question, nous nous bornerons à quelques exemples.

sk. *irádhyãi* « chercher à gagner » = *iradha +dhyãi* (Brugmann, Grr., I, 484), peut représenter *iradh-yãi*, cf. Brugmann, Grr., II, p. 1416,12.

ved. *suvapatyãi* et autres peuvent sortir de *suvapatyãi + yãi* (Brugmann, Grr., II, 600); c'est toutefois incertain puisque *suvapatyãi* peut représenter le type indo-européen. — Le type zend *gaeþyãi* donne lieu aux mêmes observations.

véd. Le gén. duel *yòs* ne sort pas plus de *yáyõs* que *ẽnõs* de *ẽnayõs*, et il est probable que *niniyõs, pasliyõs, pãšiyõs* ne sont pas non plus des formes raccourcies ; cf. Brugmann, Grr., II,654).

zd *mazdãþa- = *mazda + dãþa; amer^etãt- «* immortalité » = *amer^eta + tãt-; amereta-tãt-* est une forme refaite ; *maiδyãirya-* « nom d'une fête » = *maiδya + yãirya «* milieu de l'année » (Brugmann, Grr., I, 484).

zd *hunar^tãt-* « vertu » = *hunar^ta + tãt-*, cf. sk. *sũnr̥tas «* beau, noble » (Brugmann, Grr., II, 291).

lit. *akũtas «* qui a de la barbe » à côté de *akũtũtas* qui est une forme refaite, de *akũtas* « barbe ».

baltico-sl. Les formes telles que lit. loc. sg. fém. *gerõjoje*, v. sl. gén. fém. *dobryję*, etc. sont généralement citées comme exemples de « dissimilation syllabique ». M. A. Meillet me communique à ce sujet la note suivante qu'il avait rédigée avant de savoir que je m'occupais de la question et que je l'envisageais sous un aspect nouveau. « M. Leskien (Die declination im slavisch-litauischen, p. 134) et après lui M. Brugmann (Grundriss, I, §643) attribuent les formes slaves génit. *novy-ję*, dat. loc. *novē-ji*, gén. loc. duel *novu-ju* au lieu de *novy-jeję, *novē-jeji, *novu-jeju à des dissimilations syllabiques. Mais *mojeję, mojeji, mojeju ; kojeję, kojeji*, etc. ont subsisté et l'on ne cite d'ailleurs en slave aucun autre exemple de ce type de dissimilation. Ces altérations s'expliquent aisément par analogie. Les formes de l'adjectif composé où l'addition régulière du second terme provoquerait un allongement de la forme simple de plus d'une syllabe n'ont pas persisté pour la plupart; au masculin c'est le premier terme qui a été mutilé ; le locatif pluriel *novyjichŭ* est imité du génitif régulier *novyjichŭ*, l'instrumental singulier *novyjimĭ* de l'instrumental pluriel *novyjimi ;* d'une manière générale le premier terme a pris au masculin la forme *novy-*, qui est phonétique dans plusieurs cas, presque partout où le thème *je-* a une forme dissyllabique. Au féminin singulier au contraire c'est le second terme qui perd une syllabe ; l'identité, régulière dans les noms féminins en *-a*, du nominatif-accusatif pluriel et du génitif singulier a pu conduire à remplacer le génitif *novy-jeję* par une forme pareille à celle du nominatif-accusatif pluriel *novy-ję;* de là le datif *novē-ji* au lieu de *novē-jeji* et l'instrumental *novǫ-jǫ* au lieu de *novǫ-jejǫ*, et enfin le duel *novu-ju* au lieu de *novu-jeju*. Il n'est donc pas nécessaire d'admettre ici une dissimilation syllabique; on doit ajouter que la conservation d'un ancien datif *ji* dans *novē-ji* est improbable, mais non tout à fait impossible. »

Gaul. *Leucamulus = Leuco + camulus, Clutamus = Cluto + tamus* (Brugmann, Grr., I, 484).

got. *awistr* = *awi* + *wistr*, vha. *ewist*, *awista* = *ewi* + *wist*, *awi* + *wista* (cf. vha. *wist*), got. *ga-nawistrōn* = *ga-nawi* + *wistrōn* (Brugmann, Grr., 1, 485).

LANGUES ROMANES

esp. *ligamba* = *liga* + *gamba* (C. Michaelis, Rom. wortsch., p. 18).

ital. *sotterra* — *sotto* + *terra* (Caix, Rivista, II, 77-78).

ital. *calen di maggio* = *calendi* + *di maggio* (Caix, ibid.).

ital. *domattina* = *doma(n)* + *mattina* (Caix, ibid.).

lat. tardif *olibanum* « oliban » (it.. esp. *olibano*) = *ole* + *liba-num* (Lassen).

esp. *malvisco*, fr. *maurisque* = *malva* + *visco* (Meyer-Lübke, Gr. rom., 1, 294).

esp. *cejunto* = *ceja* + *junto*, à côté de *cejijunto*, v. ital. *filogo* = *filologo*. Ces deux formes sont citées par Mme C. Michaelis, Rom. wortsch., p. 18. Je n'ai pas ici les moyens d'en vérifier l'authenticité et la valeur. Les éléments *filo-* et *-logo* étant assez fréquents en italien et par conséquent compris, il a pu y avoir recomposition d'où *filogo* = *filo* + *logo*. En tout cas esp. *mogato* et *mojigato*, *martilogio* et *martirologio*, *fesomia* et *fisono-mia* qu'elle cite au même endroit n'ont pas à figurer ici.

fr. *neté*, *chasté* cités comme exemples de « dissimilation sylla-bique » par Mme C. Michaelis, Rom. wortsch., p. 18, sont en réalité *netté*, *chastté* et sont le produit de la « loi des trois consonnes ».

esp. *edecan* « aide de camp » (C. Michaelis, ibid.) sort en réa-lité de fr. *aid.de camp* qui est dans les mêmes conditions.

ital. *convente* « condition, convention », à côté de *convenente* (Caix, Rivista, II, 78), a été influencé par *convento* qui a le même sens et n'est pas une forme raccourcie.

fr. *fête-Dieu*, *vertudieu*, *cordieu*, que Mme C. Michaelis (Rom. wortsch., p. 18, tire de *fête de Dieu*, etc., n'ont jamais possédé le *de* non plus que *Hôtel-Dieu*, *rue Saint-Jacque*, etc.

lat. vulg. *idolatria* = *εἰδωλατρεία* = εἰδωλο + λατρεια. La réduction est forcément grecque, car c'est seulement en grec que les
deux termes étaient compris.

ital. *fostu* = *fosti* + *tu, vedestu* = *vedesti* + *tu*, etc. (Caix,
Rivista, II, 77).

lat. vulg. *mattinum* = *matutinum* est dû à un phénomène
très différent qu'il ne faut pas confondre avec celui qui nous
occupe en ce moment ; c'est la chute d'une voyelle atone entre
deux consonnes semblables qui subsistent, cf. Meyer-Lübke, ital.
gr., § 143. Si les deux consonnes se trouvent après une autre
elles se réduisent à une seule : ital. *cando* de *candido* (cité comme
« dissimilation syllabique » par Caix, Rivista, II, 77). Les deux
consonnes paraissent pouvoir se réduire même entre voyelles si
elles ne sont pas des occlusives ; mais la question demande encore
des recherches particulières. Quelle est l'explication qui convient
à ital. *avamo, avate*, etc. au lieu de *averamo*, etc.? est-ce *avvamo*
par réduction des deux *v* ; ou bien est-ce *ave* + *vamo* par recomposition ?

fr. *onze*, esp. *once* sont tirés par M. Meyer-Lübke, Gr. rom., I,
521 de *ŭn]ŭmdecim* ; il faut en effet un *ŭ* ; mais qu'est-ce que
ŭnŭmdecim? Le latin ne connaît que *undecim*. Admettons d'ailleurs l'existence de *unum-decim* ; les deux syllabes ne pouvaient
être superposées puisqu'elles appartiennent au même terme.
Une autre explication est nécessaire : M. Thurneysen me fait observer qu'au moins à la basse époque voyelle longue s'était abrégée
en latin devant *nd* : *ŭndecim* comme *uĭndemia* de *uīnum* (cf.
fr. *vendange*, prov. *vendanha*).

Maintenant que les lois de la dissimilation nous sont connues dans les mots ordinaires, nous devons jeter un coup d'œil sur les mots à redoublement. Il est facile de comprendre a priori que, reproduisant deux fois les mêmes éléments, ces mots ont toutes chances de se trouver dans les conditions nécessaires pour une dissimilation. Il semble donc qu'au lieu de terminer notre étude avec eux, c'est par eux que nous aurions dû la commencer.

Nous n'aurions obtenu aucun résultat. La question est une des plus compliquées qui existent. On en peut voir les raisons avant même d'avoir rien approfondi :

1° Pour ce qui est des langues indo-européennes, nombre des modifications survenues dans les mots à redoublement du fait de la dissimilation remontent à la période de leur vie commune, et les théories que l'on fera sur elles risquent de rester trop souvent de pures hypothèses.

2° La psychologie joue un très grand rôle dans le traitement des formes à redoublement. Si la réduplication est sentie comme telle dans tous ses éléments par le sujet parlant et cette réduplication comme utile au sens, le mot reste intact, parce qu'on éprouve le besoin, inconscient comme tous les phénomènes naturels du langage, de conserver tous ces éléments deux fois avec une identité absolue ; ce type se rencontre surtout dans les mots faisant onomatopée : esp. *murmúrio* « murmure ». Si au contraire le redoublement ne fait pas onomatopée, n'ajoute rien au sens du mot pour le sujet parlant, il n'est pas soustrait aux lois phonétiques ordinaires et peut même tomber entièrement : esp. *ceño* « virole » de lat. *cincinnus*, — port. *paver*, fr. *parol*, v. ital. *pavero* de lat.

papauer, — ital. *vaccio* de *vivaccio,* — tosc. *tavia* de *tuttavia,*
— tosc. *baco* de *bombaco,* — v. fr. *falue* à côté de *fanfelue* de
l'ital. *fanfaluca,* — ital. *gozzo* de *gorgozzo* de *gurges,* — ital.
zirlare de *zinzilulare,* — ital. *bozzolo* de *bombozzolo,* — gr. mod.
δάσκαλος de διδάσκαλος, δασκάλισσα de διδασκάλισσα. — fr. *colimaçon* que
Mme C. Michaelis (Rom. wortsch., 18) tire de *cochlolimax,* et qui
paraît sortir de *chlocolimax,* cf. ital. *chiocciola,* chian. *chioc-
quelo,* etc., par chute de la syllabe de redoublement (1).

3° Si le redoublement n'est pas senti comme utile dans tous ses
éléments, le mot peut laisser tomber ou altérer tous ceux qui ne
sont pas sentis comme tels, ou subir le traitement ordinaire :
esp. *marmol* comme *arbol.*

4° Enfin il se forme des types de réduplication, c'est-à-dire
qu'une forme de réduplication, sortie régulièrement de quelques
cas, s'étend à d'autres dans lesquels elle n'aurait jamais pu naître ;
exemples : redoublement en *e* du parfait indo-européen, en *i* du
présent, en *n* des intensifs sanskrits, etc. Cf. Brugmann, C. St.,
VII, 357-358.

Ces considérations générales suffisent à faire comprendre pourquoi il était nécessaire de commencer l'étude de la dissimilation
par les mots ordinaires présentant des formes isolées.

Ayant déterminé par ailleurs les lois de la dissimilation, nous

(1) Nous avons montré dans le chapitre précédent que la dissimilation syllabique n'existe pas. Comme on pourrait être tenté de nous opposer les faits
cités ici, il est bon de prévenir cette objection. Ce n'est pas parce que ces
syllabes commençaient par la même consonne que la suivante qu'elles sont
tombées, c'est parce qu'elles étaient *initiales* et n'étaient pas senties comme
utiles ou même comme faisant corps avec le mot. S'il en est ainsi une syllabe initiale quelconque doit pouvoir tomber. En voici en effet quelques
exemples : *Garges* (Seine-et-Oise) de *Bigargium, Bayne* (Seine-et-Oise) de
Nirbanium (Quicherat, Formation des noms de lieux), v. ital. *domada*
de *hebdomada,* ital. *testesso* de *antistipsum, giglia* de *argiglia, melinca* de
armeniaca, lance de *bilancem, ciulla* de *fanciulla, gramanzia* de *necroman-
tia, grotto* de *onocrotalus, tondo* de *rotundus, cesso* de *secessus, fogna* de
siphonia, cimento de *specimentum, bilico* de *umbilico, gogna* de *uerecundia,
fante* de *infante, beccare* de *lambicare, scernere* de *discernere,* esp. *saña* de
insania, suso de *insulsus, groto* de *onocrotalus, mellizo* de *gemellicius,* port.
seneca de *arsenico, mano* de *germanus, crotaio* de *onocrotalus,* etc.

pouvons les reporter maintenant dans le domaine de la réduplication et voir quel jour elles jettent sur ces formations et sur leur évolution.

Pas plus ici que dans la première partie nous ne chercherons à citer tous les exemples ; cela ne serait d'aucune utilité ; nous essayerons simplement d'examiner les principaux types au moyen de quelques mots et familles de mots qui paraissent caractéristiques.

Avant d'entrer dans le détail, disons que s'il nous arrive souvent dans cette partie de dire : *voici ce qui s'est passé*, il faut entendre par là : *voici ce qui a dû se passer* ou *voici ce qui a pu se passer*. Nous ne nous faisons aucune illusion à ce sujet et nous regretterions qu'on nous en attribuât. Presque toute cette partie n'est qu'un échafaudage d'hypothèses et il n'en saurait être autrement puisque les phénomènes que nous y étudions se perdent d'un côté par leur origine dans la nuit des temps et se mêlent de l'autre avec les productions les plus secrètes et les plus obscures de la psychologie inconsciente qui agit sur l'évolution du langage.

Nous commencerons par une famille assez nombreuse de mots qui font onomatopée.

Le sanskrit *brávíti* = **mraviti*, zend *mraoiti* signifie « parler ». En négligeant les éléments suffixaux nous pouvons en extraire une racine *mer-* « parler ».

Si cette racine est redoublée, le mot formé par là devra désigner un bruit répété et continu, bruit de voix ou bruit analogue. C'est un phénomène dont nous pouvons nous rendre compte en examinant certains effets produits en poésie au moyen de la répétition d'un mot. Nous verrons plusieurs fois dans cette étude combien les vers des poètes éclairent les réduplications onomatopéiques.

« Le flot sur le flot se replie »

a dit Victor Hugo dans le *Napoléon II*. Ce vers ne veut pas dire qu'un flot se replie sur un autre une fois pour toutes, mais il fait sentir très nettement que les flots se succèdent et se replient les uns sur les autres continuellement et d'une manière indéfinie.

Une idée analogue est exprimée au moyen de notre racine par le sk. *marmaras* « bruyant », le gr. μορμύρω « murmurer, gronder, surtout en parlant d'un liquide qui bout ou qui déborde », le lat. *murmur* « murmure, bruit de l'eau qui coule, bruit de la mer, bruit sourd », *murmurare* « murmurer, surtout en parlant de l'eau, faire entendre un bruit sourd et continu ». Les formes du vha. *murmer* « murmure », *murmurôn* « murmurer » paraissent avoir été empruntées au lat. *murmur*, *murmurare*, mais cette question n'a pas d'intérêt pour l'objet qui nous occupe.

Nous avons ici un type parfait de réduplication : la syllabe constituant la racine et composée de une consonne + un élément vocalique + une consonne est redoublée intégralement ; le mot qui en résulte fait onomatopée ; les deux éléments qui constituent l'onomatopée par leur répétition sont l'*m* qui ouvre la syllabe et l'*r* qui la ferme : ils restent tous deux intacts. Les éléments vocaliques qui les séparent ne jouent qu'un rôle secondaire et ne peuvent pas rester identiques dans les deux syllabes là où il existe une loi phonétique tendant à modifier l'un d'eux : gr. μορμύρω (cf. J. Schmidt, KZ, XXXII, 321 sqq.), vha. *murmer*. La voyelle peut servir à nuancer l'onomatopée : dans la racine qui nous occupe une voyelle claire contribuerait à l'expression d'un doux murmure et une voyelle sombre à l'expression d'un grondement ; c'est ce qui explique souvent dans les formes à réduplication des modifications vocaliques qui sont en dehors de toutes les lois présidant à l'évolution vocalique des mots ordinaires. Il n'y a pas lieu d'insister davantage sur ce point à propos de cette première forme que nous désignerons par *mermero*.

Ce type intact est relativement peu représenté. La répétition dans le même ordre et avec une identité parfaite de l'*m* et de l'*r* contribue puissamment à l'intensité de la réduplication et de l'onomatopée. Si l'un de ces deux éléments subissait une légère modification dans l'une des deux syllabes, le redoublement accusé par la répétition de l'autre sans changement resterait sensible et l'onomatopée aussi. L'impression faite sur l'esprit par le mot nouveau ne serait plus la même que celle que produisait le mot précédent. La variété introduite dans les deux syllabes se répercuterait dans l'impression qu'elles éveillent. Pour la racine qui nous occupe il en résulterait quelque chose de plus délicat peut-être, le sentiment d'une modulation dans le murmure au lieu de la répétition d'un bruit continuellement identique. C'est un effet que fait très bien comprendre l'étude des deux vers suivants de Victor Hugo (*Booz*) :

> « Un frais parfum sortait des touffes d'asphodèle,
> « Les souffles de la nuit flottaient sur Galgala ».

Le poète veut peindre dans ces deux vers les effluves parfumés qui s'exhalent comme un vent léger et couvrent tout enfin comme une nappe liquide. Il y est arrivé en utilisant les sons que lui fournissait la langue et en les disposant instinctivement d'une manière convenable. Le consonantisme seul nous intéresse ici : il y a deux phonèmes, l'*f* et l'*l*, qui, par leur répétition, expriment admirablement l'un le souffle, l'autre la fluidité. Le poète commence par une répétition d'*f* sans aucun *l* :

> « Un *f*rais par*f*um sortait des tou*ff*es d'as*f*odèle » ;

ce sont des souffles embaumés qui s'envolent. Puis il combine l'*f* avec l'*l*, c'est-à-dire le souffle avec la fluidité, combinaison qu'il annonce par l'*l* d'*asphodèle,* et dont il relève l'*l* un peu étouffé par l'*f* au moyen de l'*l* de *la nuit :*

> « Les sou*ffl*es de *l*a nuit *fl*ottaient ».

C'est par cette combinaison qu'il donne une idée du flottement des parfums amassés comme des nuages. Enfin ces nuages se fondent en une nappe uniforme et fluide ; c'est ce calme d'une eau tranquille qu'il exprime par les deux liquides de « Ga*l*ga*l*a ».

Si dans notre racine signifiant « murmurer » on abandonne le phonème final de la syllabe répétée aux lois qui président à l'évolution du mot. on obtient quelque chose d'analogue, bien qu'avec moins de nuances et de perfection. C'est le lit. *murmuliŭti* « murmurer, parler en bredouillant » (loi XIV) et le vha. *murmel* « murmure » (loi I), *murmulôn* « murmurer » (loi XIV) qui nous en fournissent les premiers exemples. Peu importe ici que ces deux mots vha. soient ou non empruntés, puisque la dissimilation s'est sûrement accomplie dans le domaine germanique. Il n'importe pas davantage de savoir si le lit. *murmuliŭti* est emprunté au germanique. Nous désignerons cette deuxième forme par *mermelo*.

Ce que l'onomatopée gagne en variété par cette dissimilation, le redoublement risque de le perdre en netteté. Les éléments qui ne sont plus identiques ne sont plus nécessairement saisis comme faisant partie du redoublement. Dans notre exemple *murmuliŭti* l'*l* peut être compris comme faisant partie d'un suffixe et n'appartenant pas au thème. Le thème reste redoublé et senti comme tel puisqu'il suffit pour produire l'effet d'une réduplication de répéter une seule consonne au commencement de deux syllabes. C'est un effet dont il est facile de se rendre compte en considérant cet hémistiche de La Fontaine dans *Le coche et la mouche* :

« Va, vient, fait l'empressée ».

L'allitération du *v* qui commence les deux premiers mots rend en quelque sorte matériellement sensible l'idée exprimée, c'est-à-dire l'agitation et les allées et venues continuelles de la mouche.

Si l'*l* ne fait pas partie du thème, la voyelle qui le précède tombe sans difficulté pour peu que quelque chose l'y invite et nous obtenons ainsi une troisième forme *mermlo* : lit. *murmlénti* « murmurer ».

Ou bien ce faux suffixe contenant un *l* est remplacé par un suffixe qui n'en contient pas, d'où la quatrième forme *mermo* : lit. *murmĕti* « murmurer ». Cette quatrième forme est ce qu'on appelle la *réduplication brisée*. Bien que les premiers représentants de ce type appartiennent à la période indo-européenne, leur formation et la manière dont ils ont pris naissance n'est nullement obscure. Puisque nous en avons donné un exemple lituanien, c'est par des faits pris dans la même langue que nous allons montrer ce qui s'est passé en indo-européen. A côté de *áugalŭti* « grandir rapidement » le lit. possède *augĭti* « faire croître , élever », à côté de *sargaliŭti* « être maladif » il a *sárgĭti* « soigner un malade », *sargíti* « rendre malade », à côté de *reikaláuti* « avoir besoin de quelque chose » il a *reikĕti* « être nécessaire », à côté de *krŭtulioti* ou *krutuliŭti* « se remuer un peu » il a *krutĕti* « se remuer ». Dès lors quand l'*l* de *murmuliŭti* paraît appartenir à un suffixe, ce suffixe peut être remplacé par un autre et sur le modèle de *krŭtuliŭti, krŭtulioti : krutĕti* on peut faire à côté de *murmuliŭti, murmulóti* un *murmĕti*. Cf. une explication analogue de M. Brugmann (C. St., VII, 196).

Voilà une première série de formes que nous pouvons rassembler ici :

1re forme   *mermero*

2e forme   *mermelo* ou *mermeno*

3e forme   *mermlo*

4e forme   **mermo*

Dans cette série les modifications portent sur la consonne qui termine la syllabe redoublée. La consonne initiale peut aussi être dissimilée. C'est ce que nous trouvons dans βόρμος, éol. βάρμιτος « la lyre », provenant de μαρμ- par l'effet de la loi VIII. Nous désignerons cette 5e forme par le mot **bermeros* qui n'existe pas et ne peut pas exister. Il représente une phase dépourvue de durée ; elle ne pourrait persister que si le redoublement était mal senti, ce qui est souvent le cas lorsque cette modification arrive après celle de la 4ᵉ forme, comme dans βάρμος.

Quand dans un mot comme βάρμος deux syllabes consécutives commencent par deux consonnes différentes mais présentant un certain nombre de caractères communs, le sujet parlant peut avoir le sentiment d'un redoublement. Il arrive souvent alors qu'il affirme le sentiment qu'il éprouve en rendant ces deux consonnes complètement identiques. C'est ainsi que *pibō (cf. sk. pibati, v. irl. ibim) est devenu en lat. bibo, — qu'au lieu de *farba (cf. vha. bart, v. sl. brada) on a en lat. barba, — que *peqō est devenu en lat. *quequō, coquo (A. Meillet, Revue Bourguignonne, V, 222), — que *penqe est devenu en lat. quinque, en v. irl. cóic, — que uerbena est devenu en ital. berbena et en fr. verveine, — que *vombero sorti de vomerem comme cambera de camera, cocombero de cucumerem est devenu ital. bombero, — que coquina est devenu cocina d'où fr. cuisine, — que uerminem est devenu en v. esp. bierven, — que Dornonia (Grég. de Tours) est devenu fr. Dordogne, — que lat. vulg. morvu est devenu cat., prov., esp., port. *mormu, — que lat. loljum, liljum, sont devenus lat. vulg. *ljoljum, ljiljum, d'où *jolju, *jilju, — que Sicilia, glandola sont devenus v. ital. Ciciglia, gangola, — que querquedula devenu *cerquedula en vertu de la loi VIII est en lat. vulg. cercedula (esp. cerceta, port. zurzeta, prov. serseta, fr. sarcelle). Pour revenir à notre racine, c'est ainsi que βάρμιτος est devenu βάρβιτος.

L'évolution qui a présidé à la formation de βάρμος, βάρβιτος est riche en enseignements, en particulier pour ce qui concerne notre racine. Elle nous montre tout d'abord pourquoi le type *bermeros ne peut pas subsister : du moment que les deux syllabes sont identiques sauf une nuance dans les consonnes initiales, le redoublement est forcément saisi et l'assimilation de ces deux consonnes s'impose ; elle jette d'autre part un trait de lumière sur la parenté de βάρβιτος avec μορμύρω. Mais n'y a-t-il pas une difficulté

de vocalisme ? le second mot ne contient-il pas un υ qui n'est représenté par rien dans le premier ? Il faut rappeler tout d'abord qu'il
y a en grec un certain nombre d'υ encore inexpliqués, cf. Brugmann, Grr., II, 1072 ; mais d'autre part et surtout que les mots
rédupliqués en général et ceux qui font onomatopée en particulier
ont un vocalisme spécial. Ainsi en français et en allemand les onomatopées formées par la répétition d'un monosyllabe commencent
généralement par une voyelle claire et finissent par une voyelle
sombre : all. *flick-flack*, — all. et fr. *pif-paf*, — *pif-paf-pouf*,
— all. *pim-pam-poum*, — fr. *bim-boum*, *bim-bam-boum* ;
on connaît le refrain *sur le bi, sur le bout, sur le bi du bout
du banc*. Si l'on veut bien considérer qu'une pendule fait
toujours *tik-tak*, jamais *tak-tik*, quel que soit le moment
auquel on commence à l'écouter, on comprendra qu'il y a là un
fait psychologique qui rend ces formations dans une certaine mesure indépendantes des sons imités. Qu'il nous suffise, pour écarter la difficulté, de noter que sk. *marmaras* = **marmaros*,
**mermeros* ou **mormoros* tandis que gr. μορμύρω = *μυρμύρω et
qu'il n'est pas possible de séparer ces deux mots.

Il n'y a donc pas trop de hardiesse à considérer βάρβιτος comme
appartenant à la même souche que *marmaras*. Cette indication
nous fait voir immédiatement qu'un grand nombre d'autres mots
sortent de la même racine. A la première forme appartient μόρμορος
« l'épouvante causée par un grondement terrible ». C'est le
vocalisme plus sombre des syllabes redoublées qui donne la
nuance nécessaire à l'expression d'un grondement. Comparez ce
vers de Victor Hugo qui exprime le doux gazouillement des
oiseaux :

> « ... les nids
> « Murmuraient l'hymne obscur de ceux qui sont bénis »
>
> (*Petit Paul*)

à cet autre qui peint le sourd rugissement du lion :

« Le lion qui jadis au bord des flots rôdant,
« Rugissait aussi haut que l'Océan grondant ».

(Les Lions).

Dans le premier vers toutes les voyelles qui portent un accent rythmique et plusieurs autres sont des voyelles claires ; dans le dernier les trois dernières voyelles qui portent les accents rythmiques et quelques autres sont des voyelles sombres.

A cette première forme appartiennent encore : μορμορύττω « j'épouvante », μορμυρωπός « à l'aspect effrayant » qui rappellent le vocalisme de μορμύρω.

A la deuxième, μορμολύττω « j'effraye », μορμύνω « j'effraye ». Ce dernier exemple est un de ceux qui auraient pu servir à montrer comment s'est formée la réduplication brisée ; son ν appartient-il en effet à la racine ou à un suffixe ? Ce mot rentre-t-il dans la 2ᵉ forme ou dans la 4ᵉ ?

A la quatrième, gr. μορμύσσομαι « j'effraye », μορμώ « image effrayante », μόρμος « effrayant ».

La 6ᵉ forme *berbero* est représentée par βάρβαρος « qui parle une langue incompréhensible, qui bredouille », d'où « étranger, barbare ». D'autres exemples sont sk. *balbalākar-* « bégayer », gr. βαρβαρίζω « je parle, ou j'agis, ou je me vêts comme un barbare », βορβορυγή, βορβορυγμός « bruit des intestins ».

Nous n'avons pas épuisé en présentant les six formes qui précèdent l'énorme variété qu'offrent les mots redoublés. Un mot, après avoir subi telle modification qui le place dans une forme, peut en subir de nouvelles qui en caractérisent d'autres. La forme *berbero* est un point de départ possible pour les mêmes évolutions que nous avons vues transformer *mermero*. D'où *deuxième série* :

1 *berbero*

2 *berbelo*

3 *berblo*

4 *berbo*

2ᵉ forme : lit. *burbulóti* « bégayer ». Il est impossible de séparer *burbulóti* de *murmulóti,* ce qui prouve une fois de plus que les mots signifiant « bégayer » et ceux qui signifient « murmurer» appartiennent à la même racine, quel que soit leur vocalisme.

3ᵉ forme : lit. *burblénti* « grommeler, murmurer ».

4ᵉ forme : lit. *burbëti* « bégayer »; lit. *birpti* « bourdonner ».

A la 5ᵉ forme qui est isolée après la première série en correspond une autre ici qui est également hors série et provient d'une combinaison de cette 5ᵉ avec la 4ᵉ de la 1ʳᵉ série : gr. βάρμος, βάρμιτος « lyre », lat. *formido* « effroi » (S. Bugge, KZ, XX, 17), russ. *bormotát'* « marmotter ».

De même que le sentiment du redoublement a fait sortir par assimilation la 6ᵉ forme *berbero* de la 5ʳ *bermero,* il peut faire sortir par assimilation *melmelo* ou *belbelo* de *mermelo* ou *berbelo.* Comparez des assimilations analogues dans fr. *concombre* de *cucumere,* lat. *cincinnus* de gr. κίκιννος, fr. *bonbon* pour **bombon ;* dans ce dernier mot le phénomène est purement orthographique ; il a pourtant son importance puisqu'il viole une des règles les plus fermes de l'orthographe française.

Cette assimilation est le point de départ d'une nouvelle série :

1 *melmelo*	*belbelo*
2 *melmeno*	*belbeno*
3 *melmno*	*belbno*
4 *melmo*	*belbo*

5 (hors série) *belmo*

La 1ʳᵉ forme est représentée par bulg. *blabolja* « bavarder ».

La 4ᵉ par lat. *balbus* « bègue », *balbutio* « bégayer, balbutier », pol. *bołbotac'* « murmurer ».

La même assimilation produit ici une nouvelle série. De *melmeno, belbeno* sortent :

| 1 *menmeno* | *benbeno* |
| 2 *menmelo* | *benbelo* |

3 *menmlo*   *benblo*

4 *menmo*   *benbo*

5 (hors série) *benmo*

1re forme : gr. βομβαίνειν « bégayer ».

2e forme : gr. βομβύλη « espèce d'abeille », Hés. βομβαλύζει · τρέμει, τοὺς ὀδόντας συγκρούει, ῥιγοῖ σφόδρα.

4e forme : Hés. μομμώ · ἡ μορμώ, gr. βαμβακύζω « je claque des dents », βομβέω « je fais un bruit sourd, tel que bourdonner, murmurer, ronfler, gronder », βόμβος « bourdonnement », βομβύκια « insectes bourdonnants », lit. *bambė̃ti* « grommeler ».

Cette 4e série par une assimilation semblable reproduirait la 3e.

5e série. — De la même manière que la 2e forme de chacune de ces 4 séries est devenue la 3e, *mermelo* : *mermlo*, *berbelo* : *berblo*, *melmeno* : *melmno*, etc., de même la 1re *mermero* peut devenir *mermro*, *berbero* : *berbro*, *melmelo* : *melmlo*, *belbelo* : *belblo*, *menmeno* : *menmno*, *benbeno* : *benbno*. Cette nouvelle forme tombe sous le coup de la loi XII en vertu de laquelle *mermro*, *berbro* peuvent devenir *melmro*, *belbro* ou *menmro*, *benbro* ou *memro*, *bebro* ou *memo*, *bebo*; *melmlo*, *belblo* peuvent devenir *menmlo*, *benblo* ou *memlo*, *beblo* ou *memo*, *bebo*; *menmno*, *benbno* peuvent devenir *melmno*, *belbno* ou *memno*, *bebno* ou *memo*, *bebo* :

memro est représenté par gr. μέμβραξ « cigale » = *με-μβράξ, Hés. μομβρώ · ἡ μορμώ, καὶ φόβητρον = *μο-μρω ;

beblo par v. sl. *bŭblivŭ* « bègue », lat. *babulus* « bavard » ;

bebo par v. sl. *bŭbati* « bégayer », gr. βαβάζω, βαβύζω, βαβίζω « je balbutie », slov. *bobotati* « bavarder ».

6e série. — Le déplacement, quelle qu'en soit la cause, de la consonne finale de la syllabe de redoublement met cette consonne en contact avec la consonne initiale. Dès lors dans les langues à groupes combinés elle tombe sous le coup de la loi XVI ; *mremero*, *brebero*, *mlemelo*, *blebelo*, etc. deviennent *mlemero*, *blebero*, *mlemo*, *blebo*, *mnemelo*, *bnebelo*, *mremo*, *bnebo*, *memero*, *be-*

mero, etc. : lit. *bleberis* « bavard », Hés. βλαβυρὶαν·εἰκαιολογίαν, lit.
blebénti « bredouiller, criailler», lit. *blabūris* « bavard ».

Nous n'avons fait qu'indiquer les dernières séries ; il serait
facile mais oiseux de les développer. Il était nécessaire de
signaler les principaux points de départ des évolutions ; mais, cela
fait, il faut reconnaître que les différentes séries finissent par ren-
trer l'une dans l'autre et que plus d'une forme peut appartenir
théoriquement aussi bien à telle série qu'à telle autre. Il convient
d'ajouter que nous n'avons étudié que des séries de redoublement
devant suffixe vocalique. En prenant pour point de départ un type
mermerto nous trouverions tout autant de nouvelles séries paral-
lèles. Les différentes séries peuvent se mêler par analogie et le résultat obtenu dans l'une peut être transporté dans l'autre ; enfin
il se forme de véritables types de redoublement qui s'introduisent
dans des formes où ils n'auraient pu naître régulièrement. En
somme dans les formes à redoublement le nombre des possibilités
n'est pas déterminable. Les recherches ultérieures auront à déterminer quelles sont celles que chaque langue a réalisées.

Ce n'est pas tout. Nous avons montré au commencement de ce
chapitre que la syllabe de redoublement peut tomber tout entière
lorsqu'elle n'est pas sentie comme utile. D'autre part dans les types
bermo, belmo, benmo, etc. *mo* peut être compris comme un suffixe. Ces deux causes contribuent à donner naissance à de fausses
racines telles que *mel, ber, bel, men, ben*, etc. Nous n'avons pas
d'exemple certain de ce phénomène pour la racine *mer*, mais nous
allons en trouver dans d'autres.

Après un groupe de mots faisant onomatopée, il convient en effet
d'en étudier un qui ne fait pas onomatopée.

Il est inutile que nous entrions dorénavant dans le détail des *séries* et des *formes*. Nous avons vu que *mermero* peut devenir
berbero, que *mermero* peut devenir *bermo* et que la racine *mer-*
peut devenir *mel, men* ou *ber, bel, ben*. Ces points de repère
nous suffiront.

Nous prendrons comme type des mots à redoublement ne faisant pas onomatopée ceux que nous rattachons à la racine *qer-* « tourner », cf. κυρτός « courbe ».

1° type *mermero, mermelo,* etc., la consonne initiale de la racine ne subissant aucune modification ;

gr. κύκλος « cercle », sk. *cakrám* « roue », ags. *hveohl* « roue », lit. *kûklas.*

v. norr. *hverfa,* ags. *hveorfan,* vha. *huvërban* « se tourner », all. *wirbel* « tournoiement », déjà rattachés à cette racine par M. Per Persson (Wurzelerweiterung, p. 50). L'*f, b* représente la vélaire *q.*

lit. *kinky'ti* « ceindre », sk. *kâñci* « ceinture ».

sk. *cikuras* « boucle de cheveux frisés ».

lett. *kinkelét* « nouer ».

lit. *kukulys, kuklys* « miche de pain », lat. *cochlea* « colimaçon », *cochlear* « cuiller à remuer ».

gr. κύρβις « colonne triangulaire et tournante sur laquelle étaient gravées les lois » = *qrgis*, cf. A. Meillet, MSL, VIII, p. 300. Le β de ce mot est au π de καρπός comme le *b* de lat. *scabo,* lit. *skabùs* au *p* de gr. σκαπάνη, comme le *g* de lat. *cingere, clingere* « ceindre » au *c* de sk. *kâñci;* il suggère une hypothèse : s'il est vrai que *rg* devient *ru* en latin comme paraît l'indiquer gr. τόρβος : lat. *toruos,* il y a tout lieu de considérer le *u* de *curuos* « courbé » comme représentant *g.*

2° type *bermo.* Une vélaire dissimilée par une autre vélaire perd son appendice labial et se confond avec une palatale primitive.

gr. κόλπος « golfe, baie », c'est-à-dire « sinuosité du rivage ».

gr. καρπός « poignet », καρπαία « nom d'une danse ». Ces deux mots ont déjà été rattachés à notre racine par M. Per Persson (ibid.); mais il ne s'est pas demandé pourquoi καρπός n'est pas *κυρπος.

3° type *berbero, berbelo,* etc.

gr. κίρκος, κρίκος, « cercle », lat. *circus, circulus* « cercle ».

gr. κάκαλα « murs d'enceinte ».

lat. *cancelli* « balustrade », gr. κιγκλίς « barreaux de porte ».

gr. κερκίς « bobine », κρόκη « fil de trame », κίκιννος « boucle de cheveux frisés ».

Remarque. — La phonétique latine ne permet pas de distinguer si *curculio* « charançon » (cf. L. Havet, MSL, VII, 56) appartient au premier ou au troisième type.

4e type, fausse racine *mel* :

gr. κυλίω « je roule ».

gr. πόλος « axe, pôle, extrémité de l'essieu ».

Peut-être faut-il citer ici gr. πέλομαι, sk. *cárāmi*, lat. *colo* dont le sens primitif paraît être « aller et venir ».

5e type, fausse racine *ber, bel* :

gr. κορωνός, κορωνί; « recourbé à l'extrémité ».

lat. *corōna* « couronne ».

lat. *crātēs* « treillis », gr. κάρταλος « panier tressé », κάλαθος « panier tressé », κάλος, κόλως « corde », κλώθω « je file », lat. *colus* « quenouille ».

lat. *cirrus* « boucle de cheveux ».

Remarque. — La phonétique latine ne permet pas de déterminer si *corona* « couronne », *crātēs* « treillis », *coluber* « serpent » (pour ce dernier cf. P. Persson, Wurzelerweiterung, p. 30) appartiennent au type avec *q* ou au type avec *c*. Nous avons néanmoins placé *corona* dans les *c* à cause de κορωνός, *crātēs* à cause de κάρταλος. Κλώθω « je file » peut avoir perdu son appendice labial dès en indo-européen, par suite du contact de la vélaire avec l'*l* (A. Meillet, MSL, VIII, 300) ; néanmoins κάλως invite à le placer ici.

Les renseignements fournis par la racine *qer* et la racine *mer* s'accordent et se complètent. Il s'agit maintenant pour les confirmer d'étudier d'autres groupes de mots à redoublement. Nous en ferons trois classes. Dans la 1re nous mettrons ceux dont la racine commence par *m*, dans la 2e ceux dont elle commence par une vélaire et dans la 3ᵉ ceux dont elle commence par un autre phonème généralement peu susceptible d'être dissimilé.

1ʳᵉ CLASSE

α 1ᵉʳ type : gr. μύρμος, μύρμηξ « fourmi »

2ᵉ type : Hés. βύρμαχας · μύρμηχας, Hés. βόρμαξ · μύρμηξ, sk. *valmīkas* « tas de fourmis », lat. *formīca*, sk. *vamrī* « petite fourmi » de *ma-mrī*.

Rem. — Sk. *vamrī* est le traitement après voyelle (loi XIV). Après consonne on aurait *mavr-* (loi XIII) ; c'est probablement ce produit qui a donné naissance à v. norr. *maurr*, à zend *maoiri* et à russe *muravéj*.

De même que vamrī, lat. *formīca* est le traitement après voyelle ; après consonne et l'accent d'intensité étant sur l'initiale on aurait *morv-* (loi III). Ce type est représenté par le v. irl. *moirb* = *morvi* et les langues slaves : v. sl. *mravija*, slov. *mrav*, *mravec* (cf. μύρμηξ), bulg. *mravka*, serb. *mrav*, čèq. *mravenec*, polon. *mrówka*, polab. *morvi*, etc.

3ᵉ type : čèq. *brabenec*.

β 1ᵉʳ type : μεμβράς « espèce de sardine »,

2ᵉ type : βεμβράς, βεμβροδών,

3ᵉ type : Hés. βεβράς.

γ 1ᵉʳ type : *μεμλωκι, μέμβλωκα,

2ᵉ type : *βέμλωκα, *βέμβλωκα,

3ᵉ type : βέβλωκα.

δ 1ᵉʳ type : μέμβλεται · μέλλει, μέμβλεσθαι · φροντίζειν.

2ᵉ type : βεμόλετοι · φρόντισε (Hés.) corrigé avec raison par Schow en βέμβλετο.

3ᵉ type : Hés. βέβλειν · μέλλειν, Hés. βέβλεσθαι · μέλλειν, βαλβίς « point d'où s'élancent au départ les coureurs dans la carrière ».

5ᵉ type : Hés. βέλλειν · μέλλειν.

Remarque. — M. Bréal (MSL, VIII, 249) pense que βάλλω est antérieur à μέλλω. Le μ de ce dernier nous paraît inexplicable dans cette hypothèse.

2ᵉ CLASSE

ε Racine *ger-* « avaler » : lat. *uorare* « dévorer », gr. βορά « nourriture », βρόγχος « gorge », lit. *geriù* « je bois », gr. βάραθρον, hom. βέρεθρον, arc. ζέρεθρον « gouffre », lit. *prâgaras* « gouffre, enfers ».

1ᵉʳ type : lit. *gargaliúti* « gargariser, râler », sk. *jigartis* « glouton », lit. *gogilóti* « manger avidement », lit. *goglys* « glouton », sk. *jargurânas, uvajulgul-, nigalgal-*, v. norr. *kverk* « gosier », vha. *quërechela* « gorge », lat. *gurgulio* « gorge » (cf. pour ce dernier mot L. Havet, MSL, VII, 569, gr. γοργύρη « égout, cloaque », βόρβορος « bourbier », sk. *gargaras* « tournant d'eau, gorge ».

3ᵉ type : gr. ἀναγαργαρίζω et ἀναγαργαλίζω « je gargarise », Hés. γέργερος · βρόγχος, gr. γαργαρεών et γαργαλεών « luette », lat. *gurges* « gouffre ».

5ᵉ type : lat. *gula* « gorge ».

ζ racine *ger-* « produire un bruit ». Cette racine redoublée sert surtout à désigner les cris des animaux.

1ᵉʳ type : lat. *querquēdula* « sarcelle », lit. *kurkti* « coasser », *kurktélis* « tourterelle », *kirklys* « grillon », sk. *krakaras* « perdrix », *karkutas* « coq », *kankorus* « corbeau », *kinkiras* « coucou », *karkati* « il rit », v. sl. *krakati* « crier », *krikŭ* « cri », lit. *krôkti* « grogner », *kùrka* « dindon », v. sl. *klakolŭ* « cloche », lit. *kànkalas* « cloche ».

2ᵉ type : peut-être gr. κόμπος « bruit, retentissement, jactance », gr. κομπέω « je fais du bruit », κομπάζω « je parle avec jactance ».

3ᵉ type : gr. κίρκος « coq », κίρκαξ · ἱέραξ, καρκαίρω « je gronde », κρέκελος · θρῆνος Hés., κορκορυγή · κραυγή, βοή Hés.

5ᵉ type : gr. κίρκαξ « corbeau », κορώνη « corneille ».

Remarque. — Il n'est pas possible de déterminer si l'on a affaire à *q* ou à *c* dans lat. *coruos* « corbeau », *cornix* « corneille » (cf. sk. *kāravas* « corneille », mais gr. κόραξ « corbeau »), ni dans lat. *crōciō*, gr. κράζω, κρώζω (ces deux derniers ont une sonore comme κύρβις).

η 1ᵉʳ type : sk. *carcarikā* « gesticulation », *cañcalas* « mobile », *cañcati* « il se meut », lat. *querquera* « fièvre avec frisson »

3ᵉ type : gr. κέρκος « tremble (arbre) », κίγκαλος, κίγκλος « hoche-queue », κιγκλίζειν « remuer la queue ».

θ sk. *grāmas* « troupe », lat. *grex* « troupeau ».

3ᶜ type : gr. γάργαρα « tas, foule », γαργαίρειν « grouiller, être plein de ».

ι 1ᵉʳ type: sk. *karkatas* « écrevisse ».

3ᵉ type : gr. καρκίνος « écrevisse », lat. *cancer* « écrevisse » sorti de *cancro-*, *cacendix* « genus conchae » Festus.

4ᵉ type: καρίς « homard ».

κ 1ᵉʳ type : v. sl. *gŭgnati* « murmurer », sk. *gañjanas* « méprisant ».

3ᵉ type : gr. γαγγανεύω « je me moque de… »

3ᵉ CLASSE

Cette 3ᵉ classe ne possédant pas les types 2, 3 et 5 est beaucoup moins intéressante.

λ lat. *calones* « calcei ex ligno facti » Festus.

1ᵉʳ type : lat. *calx* « talon », *calceus* « soulier », *calcitrare* « ruer », *calcar* « éperon » = *calcale.

Remarque. — La dissimilation de *calcale en *calcare*, *calcar* est latine.

μ lat. *hordeum*, all. *gerste*, arm. *gari* « orge ».

1ᵉʳ type : κέγχρος, κέρχνος « millet », κάχρυς « orge grillée ».

ν gr. φαλός, φαληρός « brillant », φάλιος « marqué d'une tache blanche », bret. *bal* « chanfrein blanc », lit. *bálti* « devenir blanc », *báltas* « blanc », sk. *bhālam* « éclat », v. norr. *bál* « flamme », ags. *bael* « flamme », v. sl. *bělŭ* « blanc », lat. *fulgeo* « je brille », *fulgur* « éclair », gr. φλόξ « flamme », φλέγω « je brûle, je brille », lat. *flamma* « flamme », sk. *bhrājatē* « il brille », zend *barāz-* « briller », sk. *bhárgas* « rayon lumineux », all. *blank* « brillant », v. norr. *blakkr* « cheval blanc », all. *blick* « éclat, éclair, regard », all. *bleichen* « blanchir », all. *blitz* « éclair ».

1er type : gr. παμφαίνειν « briller », παμφαλάω « je jette autour de moi des yeux effarés ».

4e type : gr. φανερός « clair », φανή « torche », v. irl. *bán* « brillant, blanc », *bánaim* « je blanchis », sk. *bhānús* « lueur, lumière », gr. φαίνω « je montre », φαίνομαι « je parais ».

ξ θάλπος « chaleur ». θαλύνω « je chauffe ».

1er type : τυθός « chaud, brûlant », κτυθαλέος = 'τυθλο-.

o gr. ὀρῦς « chêne, arbre », δόρυ « bois, lance », sk. *dru-* « bois », v. sl. *drŭva* « bois », got. *triu* « arbre ».

1er type : δένδρον « arbre », δένδρεον « arbre ».

π gr. θόρυβος « tumulte », θρῆνος « chant des morts, sk. *dhra-ṇati* (dhatup.) « il retentit », got. *drunjus* « bruit », all. *dröhnen* « gronder », *drohne* « bourdon », gr. θρέομαι « je crie », θρῦλος, θρύλος « bruit », ags. *dream* « bruit ».

1er type : gr. τονθρύς « murmure », τονθορύζω « je murmure », lett. *dunduris* « bourdon », *denderis* « enfant pleurnicheur », gr. τενθρήνη « guêpe ».

Remarque. — τενθρηδών « espèce de bourdon » paraît être le résultat d'un mélange de τενθρήνη avec πεμφρηδών qui appartient à une autre racine et que nous retrouverons plus loin.

ρ v. sl. *drŭgati* « trembler », lit. *drugys* « fièvre ».

1er type : gr. τανθαρύζω, τανθαλύζω « je tremble ».

o gr. πρήθω « j'allume », lit. *pirkstnys* « cendre brûlante », pol. *przec'* « devenir chaud, devenir rouge », v. sl. *para* « vapeur », slov. *spar* « chaleur ».

1er type : gr. πίμπρημι « j'embrase », v. sl. *popelŭ* « cendre », *plapolati* « brûler ».

4ᵉ type : v. sl. *paliti* « brûler », *polěti* « brûler », *plangti sę* « s'enflammer », *plamy* « flamme ».

τ racine *pel-* « emplir », gr. πίμπρς « plein », πολύς « nombreux », πλῆθος « foule, tas », lat. *plēnus* « plein », *plēbēs*, v. sl. *plŭnŭ* « plein », *plemę* « tribu », lit. *pilti* « emplir », all. *voll* « plein », *volk* « peuple ».

1ᵉʳ type : sk. *piparmi* « je remplis », lat. *populus* « peuple », gr. πίμπλημι « je remplis ».

De tous les faits étudiés dans ce chapitre résultent un certain nombre de conclusions qui paraissent désormais assurées.

Lorsque le redoublement est senti comme tel il peut ne se produire aucune dissimilation : lat. *murmur, purpura, carcer, turtur*, gr. μορμύρω, βάρβαρος, γαργαρέων, esp. *murmurio, runrun*, etc. Il faut noter en particulier sk. *bhambharalī, bhambhas* « mouche », *bhambharālikā* « taon » qui ont échappé à la loi de dissimilation d'aspiration et appartiennent à la même famille que lit. *bimbalus* « taon », lett. *bimbals* « bourdon », gr. πιμφρηδών « espèce de guêpe ».

Si l'on parcourt les exemples de dissimilation qui sont anciens dans les mots à redoublement, non seulement ceux que nous avons cités, mais encore ceux que nous avons laissés de côté, on verra que l'indo-européen ne connaît pas la dissimilation de *l* en *r* : *r* dissimilé par *r* devient *l* ou *n*, *l* dissimilé par *l* devient *n*. C'est le seul fait qui nous permette de décider dans les racines représentées par des mots à redoublement si la sonante finale était *l* ou *r*.

Un *m* dissimilé en indo-européen par une autre nasale devient *b*, tandis qu'en sanskrit il devient *r*, en latin *f*, etc.

Les formes redoublées des types *mermero, qerqero* peuvent devenir *bermo, cerqo* et *berbero, cercero*, ce qui explique et complète l'indication de M. Meillet, MSL, VIII, 279.

Les formes *mermero, qerqero, berbero, cercero* peuvent devenir *melmelo, qelqelo, menmeno, qenqeno, belbelo, celcelo, ben-beno, cenceno.*

Enfin une racine *mer, qer* qui produit des mots à redoublement peut devenir une fausse racine *mel, men, ber, bel, ben, — qel, qen, cer, cel, cen.*

CONCLUSIONS

Nous pouvons résumer en quelques mots les deux dernières
parties de notre étude :

1° Les formes redoublées obéissent sensiblement aux mêmes
lois de dissimilation que les mots sans redoublement.

2° Une racine qui commençait primitivement par un *m* ou par
une vélaire peut devenir une racine commençant par un *b* ou par
une palatale ; une racine qui finissait primitivement par un *r* peut
devenir une racine finissant par *l*, etc.

3° Il n'y a pas de dissimilations syllabiques.

4° Des effets analogues à ceux que produit la dissimilation sont
dus parfois à l'influence d'un autre mot ou d'un groupe d'autres
mots.

Quant à la dissimilation proprement dite, elle obéit à des lois que
nous avons divisées en trois classes.

Dans la première classe une consonne placée dans une syllabe
qui porte l'accent d'intensité dissimile une consonne en syllabe
atone, c'est-à-dire que la première est renforcée par l'accent et
qu'elle dissimile l'autre parce qu'elle est plus *forte* qu'elle. Nous
avons signalé ailleurs la même loi de dissimilation dans les voyelles :
voyelle tonique dissimile voyelle atone : lat. *dīvīnum* > fr. *devin*
(MSL, VIII, 320), — *voyelle nasale tonique dissimile voyelle
nasale atone :* Dampr. *cũfru* (MSL, VIII, 332, 327-328, 321,
VII, 477), *pnĩ *ẹčĩ* > *pnĩ ẹ̀ čĩ* (Revue bourguignonne, IV, 633).

Dans la deuxième classe une consonne appuyée dissimile une
consonne non appuyée, etc., c'est-à-dire qu'une consonne plus forte

CONCLUSIONS

Nous pouvons résumer en quelques mots les deux dernières parties de notre étude :

1° Les formes redoublées obéissent sensiblement aux mêmes lois de dissimilation que les mots sans redoublement.

2° Une racine qui commençait primitivement par un *m* ou par une vélaire peut devenir une racine commençant par un *b* ou par une palatale ; une racine qui finissait primitivement par un *r* peut devenir une racine finissant par *l*, etc.

3° Il n'y a pas de dissimilations syllabiques.

4° Des effets analogues à ceux que produit la dissimilation sont dus parfois à l'influence d'un autre mot ou d'un groupe d'autres mots.

Quant à la dissimilation proprement dite, elle obéit à des lois que nous avons divisées en trois classes.

Dans la première classe une consonne placée dans une syllabe qui porte l'accent d'intensité dissimile une consonne en syllabe atone, c'est-à-dire que la première est renforcée par l'accent et qu'elle dissimile l'autre parce qu'elle est plus *forte* qu'elle. Nous avons signalé ailleurs la même loi de dissimilation dans les voyelles: *voyelle tonique dissimile voyelle atone:* lat. *divinum* > fr. *devin* (MSL, VIII, 320), — *voyelle nasale tonique dissimile voyelle nasale atone :* Dampr. *cyfru* (MSL. VIII. 332, 327-328, 321, VII, 477), *pni *pei* > *pni e ei* (Revue bourguignonne, IV, 633).

Dans la deuxième classe une consonne appuyée dissimile une consonne non appuyée, etc., c'est-à-dire qu'une consonne plus forte par sa position dans la syllabe dissimile une consonne moins forte.

Dans la troisième classe les deux consonnes considérées sont placées de la même manière dans la syllabe et sont toutes deux en dehors de l'accent: c'est toujours la première qui est dissimilée. Nous pourrions en conclure a priori d'après les deux classes précédentes que la seconde est toujours plus *forte* que la première. Cette conclusion est confirmée par nombre de faits. En italien après l'accent, c'est-à-dire vers la fin du mot, une occlusive reste intacte : *amico, greco, fuoco, stato, prato, capo, ape, piaga, rado, nudo,* etc. ; avant l'accent, c'est-à-dire vers le commencement du mot, une sourde devient sonore : *padella, podestà, mudare, pregare,* un *g* disparaît : *reale, fraore, maestro,* etc., ce qui montre que vers la fin du mot une consonne est plus *résistante* que vers le commencement. La même opposition est marquée par *vecchio: vegliardo,* etc. Nous nous bornerons à l'exemple de l'italien : c'est le plus net.

On peut se demander à quoi tient cette force progressive des consonnes à mesure que l'on approche de la fin du mot, même dans les syllabes atones qui suivent l'accent. C'est un phénomène psychologique : la parole va moins vite que la pensée ; l'attention est en avance sur les organes vocaux. Tous les phonèmes ont été préparés par l'esprit avant d'être prononcés, mais pendant que les organes vocaux expriment le commencement d'un mot l'attention est déjà portée sur la fin, souvent sur le mot suivant ; il en résulte une négligence dans la prononciation de la première partie des mots et par suite une faiblesse inhérente aux phonèmes qui s'y trouvent.

Ainsi s'expliquent les lapsus qui consistent à faire passer au commencement d'un mot à la place d'un phonème un autre phonème qui se trouve vers la fin ou même qui se trouve dans le mot suivant ; le phonème exproprié avait été préparé en esprit et doit être prononcé : il apparait alors à la place de celui qui a pris la sienne. Au moment où les organes vocaux arrivent à cet endroit l'attention est en avant ; c'est ce qui permet au phonème déplacé d'être émis à cette place. Pourtant sa présence à cette place produisant un effet bizarre sur l'oreille, l'attention est généralement réveillée au moment où il est ou au moment où il va être émis : c'est alors qu'on se reprend. Ce phénomène est beaucoup plus fréquent qu'on ne pense. Voici les exemples que j'ai entendus en trois jours : « Je vais taire du fé » pour « je vais faire du thé », — « Il n'y a rien qui vous soûle comme de l'absinthe après une bière » pour « il n'y a rien qui vous soûle comme une absinthe après de la bière », — « Je ne sais pas la telle c'est qui est combée » pour « je ne sais pas laquelle c'est qui est tombée ». Voici un exemple plus complexe et peut-être plus intéressant : « Tu n'as pas de turbichon ? » pour « tu n'as pas de tire-bouchon ? » ; l'*ou* a pris la place de l'*i* et vice versa, mais dans la première syllabe les organes avaient été préparés pour prononcer une voyelle palatale, et le *t* et l'*r* préparés étaient un *t* et un *r* devant entourer une voyelle palatale ; c'est pourquoi l'*ou* a été remplacé par son correspondant palatal *u*. Dans ces quatre exemples tout a été prononcé ; dans les deux suivants l'attention a été réveillée à l'arrivée du phonème exproprié : « Cent soixante-quinze et v... » pour « cent vingt et soixante-quinze », — « J'ai la bousse chè... » pour « j'ai la bouche sèche ». Au cours d'une lecture faite par un de mes amis dans l'intervalle des trois mêmes jours et qui a duré une demi-heure environ, j'ai remarqué les trois cas suivants : « Il fut tout reconnu t'à coup » pour « il fut reconnu tout à coup », — « qui s'en va devançant devant nous » pour « qui s'en va dansant devant nous », — « cette petite maison défendue par ses montagnes » pour « cette petite région défendue par ses montagnes ». Notons que dans les exemples lus les phonèmes expropriés ne reparaissent pas plus loin : est-ce un hasard, ou y a-t-il là quelque chose de particulier ? La question demande des recherches plus approfondies.

Il résulte de ces faits que l'attention se porte plutôt sur une consonne voisine de la fin du mot que sur une consonne voisine du commencement. Dans cette troisième classe c'est donc encore la consonne la plus forte qui dissimile la plus faible.

Les trois classes peuvent être ramenées à une seule formule : *la dissimilation c'est la loi du plus fort.*

La meilleure preuve que l'on en puisse trouver, ce sont les faits que nous avons rapportés dans l'*observation générale* et qui nous montrent la dissimilation renversée parce que la force normale des phonèmes a été modifiée par des causes spéciales.

Les lois de la dissimilation ont ceci de particulier qu'elles ne sont pas propres à tel ou tel idiome : elles sont *générales,* en ce sens qu'elles sont les mêmes partout où elles apparaissent. Une langue peut posséder telle formule et ignorer telle autre : c'est la seule différence qu'il y ait entre les langues au point de vue de la dissimilation ; on ne conçoit donc pas que dans celles que nous avons négligées les lois de la dissimilation puissent obéir à d'autres principes que ceux qui ressortent de l'étude des langues indo-européennes et des langues romanes.

INDEX

DES DIVISIONS PRINCIPALES

France

α FRANÇAIS DU NORD

— 194 —

GERMANIQUE

INDO-EUROPÉEN

INDOU

tisrás sk.	. . . . .	134
valmĭkas prâkr.	. . .	177
vamrĭ sk.	. . . . .	177
vĭmaṃs pâl.	. . . .	70
yós véd.	. . . . . .	158

ITALIE

a GALLO-ITALIEN

albaròtt mil.	. . . .	22
àlbera mil.	. . . . .	22
albiùmm mil.	. . .	23
àlbor mil.	. . . . .	22
álema pad.	. . . . .	80
arboràri mil.	. . . .	23
armella mil.	. . . .	50
bellua gén.	. . . .	66, 72
biùmm mil.	. . . .	23
Catalina v.gén.	. . .	117
colander mil.	. . . .	40
colomia lac Maj.	. . .	80
culumia Piac.	. . .	80, 85
domà mil.	. . . .	80, 85
èlbor mil.	. . . .	22, 23
envilia pad.	. . . .	89
èrbol mil.	. . . 18,	22, 23
èrbor mil.	. . . .	22, 23
gamber mil.	. . . .	137
ilamorò pad.	. . . .	80
kortello mil.	. . .	18, 24
legun pad.	. . . .	67, 73
limbri pad.	. . .	41, 67
linçóla piém.	. . . .	67
linghéra mil.	. . . .	117
linsola piém.	. . .	67, 73
linþóla V. Soan.	. .	67
linza émil.	. . . . .	67
lombro pad.	. . 37,	67, 74
lomè pad.	. . . .	80, 85
lùminà mil.	. . .	80, 85
meltrix v.gén., v.mil.	.	60
mermanza v.gén.	. .	50

mérme v.gén.	. . . .	50, 56
molimento lomb.	. .	66
monse piém.	. . . .	120
morimento v.gén.	. .	67
natta lomb.	. . . .	122
navèll mil.	. . . . .	66
ninsola piém.	. . .	73
nivèll mil.	. . .	66, 72
nomeranza v.gén.	. .	67
noranta v. gén.	. .	67, 73
perola piém.	. . . .	79
pilion pad.	. . . .	67
pinola piém.	. . .	79, 84
porcinella mil.	. .	18, 24
prua gén.	. . . . .	33
ral V. Soan.	. . . .	40
šìmbia mil.	. . . .	137
soról̃j V. Soan.	. . .	92
spiüri mil.	. . .	76, 77
umbrigolo émil.	. .	92
vendembia mil.	. . .	137
veri mil.	. . . . .	80, 85

β ITALIEN

acciale	. . . . . .	132
accialino	. . . . .	132
albatro	. . . . . .	117
albergo	. . . . . .	18
álbero	. . . . . .	22
albitrario	. . . .	35
albitrio	. . . . .	36
albitro	. . . . . .	36
alma	. . . . .	50, 56
amido	. . . . . .	89
anemolo	. . . . . .	130
anemul romg	. . .	130
aráto	. . . . .	75, 76
arátolo	. . . . .	130
aratro	. . . . .	77
arbitrario	. . . . .	36
arbitrio	. . . . .	36
arbore	. . . . . .	23

δ LATIN VULGAIRE

PORTUGAIS

RHÉTIQUE

Vu et lu,

En Sorbonne, le 1er mars 1895,

Par le doyen de la Faculté des lettres de Paris,

A. HIMLY.

Vu et permis d'imprimer,

Le vice-recteur de l'Académie de Paris,

GRÉARD.